GUÍA DEL PTSD PARA MILITARES

Una Guía Práctica para Recuperar tu Vida

Por Virginia Cruse
Traducido por Juan A. Quiroz

GUÍA DEL PTSD PARA MILITARES

Derechos de autor © 2021 por Virginia Cruse

Print ISBN: 978-1-7348067-7-9
First Publication date

Published by:
Military Counseling Center San Antonio, PLLC
MilitaryCounselingSA.com
TheSoldiersBlog.com

Interior Layout & Cover Design by: Rising Sign Books
RisingSignBooks.com
KatieSalidas.com

For inquiries contact: ptsdrecoveryseries@gmail.com

Aviso

Este libro es para propósitos informativos y educativos solamente y no tiene el propósito ser usado como un tratamiento para la salud mental. Si por medio de la información compartida aquí, puede aprender que tratamiento es el indicado y contactar a un/a terapeuta con licencia en su región de residencia. Si tiene una emergencia de salud mental, llame al 911, diríjase a la sala de urgencias más cercana, o llame a la Línea de Crisis para Militares (en EE. UU) al 1-800-273-8255.

La Línea Nacional de Prevención del Suicidio es (EE. UU.) 1-800-273-TALK (1-800-273-8255) o teletipo: 1-800-799-4889. Esta es una línea sin costo de 24 horas dedicada a la prevención del suicidio y está disponible a cualquiera que se encuentre en una crisis de suicidio. Se le orientará al centro de crisis más cercano a usted. Su llamada es gratuita y confidencial.

La Línea para Crisis de Veteranos ofrece ayuda confidencial por medio de chat (www.veteranscrisisline.net/get-help/chat) y por texto al (EE.UU) 838255.

Dedicación

Para Harry Gerecke – Un gran soldado, un oficial cariñoso y con compasión, además, un excelente amigo. Tu ejemplo me inspira a siempre servir a las tropas.

"To the Regiment - damned few of us left!"

Introducción

Querido compañero militar,

Tú y yo no nos conocemos. Solo sé que has tomado este libro y por el momento, lo estás leyendo. Eso me da gusto; hablar sobre el trastorno de estrés postraumático (PTSD por sus siglas en inglés) es lo que yo hago. Después de mi tercer despliegue, yo no estaba del todo bien, y nadie tenía idea de cómo ayudarme – ni mi cadena de mando, mis doctores, mi familia, ni yo misma. Trabajé duro para mejorarme y cometí muchos errores en el camino. Eventualmente, obtuve mi maestría en consejería de salud mental y comencé a enseñarle a las tropas. Estoy convencida de que cuando estamos enterados sobre la evidencia del PTSD, tomamos decisiones mejor informadas y nos recuperamos más rápidamente.

Escribo este libro dirigido directamente a ti, como si estuvieras sentado/a en mi aula. Mis clases pueden ser incomodas; el PTSD es un tema bastante desagradable y a las personas no les gusta hablar sobre él. Lo entiendo, pero eso no es recomendable para nosotros. Tu vida está en peligro, amigo/a, y no voy a darle vueltas al asunto. Voy a ser tan directa como pueda serlo porque sé que el PTSD te puede matar. Hablaremos sobre el suicidio, crímenes de guerra, depresión, relaciones y más.

Soy una terapeuta que entró a la profesión ya tarde en la vida y no estoy aquí para perder el tiempo para aclararte el tema. Te voy a enseñar todo lo que hubiera querido saber cuándo comencé mi propio camino y, aunque no te va a gustar, probablemente sea lo que tienes que escuchar. Se que el PTSD te chinga y entiendo que no tengas ganas de leer un libro. Pero podrías tratar leyendo este. Lo mantendré corto y al grano.

Otra razón por la cual escribí este libro es porque muchos compañeros militares saben que padecen de PTSD, pero no saben que hacer al respecto. A lo mejor creemos en las mentiras, como que "el PTSD nunca desaparece" y continuamos a sentirnos sin esperanzas. Este libro puede que llegue a manos de alguien que no sabía que sí hay ayuda y le puede indicar donde y como conseguirla.

Una última cosa: se los prometo. Quiero decirte esto de frente porque muchas personas no se sienten cómodas con un lenguaje bruto como se usa aquí. Eso está bien y lo respeto; pero, entonces, este no es el libro adecuado para ti.

No digo groserías porque estoy intentando ser interesante o provocativa, y tampoco estoy tratando de herir tus sentimientos o que te sientas triste. Decir groserías es simplemente algo autentico para mí y, como se trata de tu vida la que está en riesgo, no me disculparé por lo que tengo que decir de manera fuerte.

Hay muchas guías buenas disponibles para cualquier persona al igual que para las clínicas, pero este libro es para los compañeros militares. Es de mi hacia a ti, – de un militar a otro –, porque si alguien me hubiera dado este libro en el 2005, me hubieran ahorrado años de pura mierda y sufrimiento.

Sinceramente, Virginia Cruse

Tabla de contenido

Capítulo 1

PTSD: Qué es y qué no es

Rumores que absolutamente no son ciertos y lo único que hacen es joder con tu mente.

Hay mucha información sobre el PTSD, pero no es fácil de navegar. Está escrita por médicos para otros médicos y usan términos de psicología que en realidad no le ayudan a nadie. Es por eso por lo que los rumores sobre el PTSD son tan fuertes.

Antes de involucrarnos en los datos del PTSD, es importante que hablemos sobre lo que no es el PTSD. ¿Por qué? Porque *"¡el saber es la mitad de la batalla!"*

Esas mentiras joderán tu mente y te mantendrán alejado del tratamiento que te mereces.

El Desglose

POST significa *"después."*

TRAUMA *es ser expuesto a la muerte, lesiones graves, o violencia sexual. El trauma es algo que te pasa; no es algo que está mal contigo.*

ESTRÉS *es la respuesta física y psicológica de tu cuerpo al peligro.*

TRASTORNO *es una palabra médica que significa que tus síntomas están interfiriendo en el camino de tu habilidad para caminar, hablar, llevar a cabo asuntos de todos los días - eso es todo. No significa que estás chingado y sin solución.*

Junté esta lista de mentiras: (1) sobre personas que sufren de PTSD, y (2) de parte de médicos y maestros con doctorados que se dedican a tratar a militares con PTSD. Así que, si has escuchado alguna de estas mentiras y te la has creído, no estás solo. Son y somos muchos.

Rumor 1:
"El PTSD no tiene cura"

Agrégale esto: "siempre tendré PTSD," "nunca voy a mejorar," y "los síntomas podrán disminuir, pero el PTSD siempre estará allí." Estas son creencias muy fuertes y cimentadas, por lo que muchas personas se dan por vencidas antes de comenzar a buscar ayuda. Hay tres tratamientos para el PTSD basados en evidencia ("EBT" por sus siglas en inglés) que son aprobados por el Hospital de Veteranos (VA) en EE. UU:

- Terapia Prolongada de Exhibición
- Terapia de Procesamiento Cognitivo
- Terapia de Desensibilización y Reprocesamiento del Movimiento Ocular

Todos han sido probados y funcionan para la mayoría de las personas, hablaremos más sobre ellas en el capítulo cinco.

Es importante usar un tratamiento tipo EBT para tratar el PTSD porque está basado en evidencias científicas revisadas por colegas profesionales. Los investigadores conducen estudios rigurosos usando métodos científicos documentando sus investigaciones en diarios científicos revisados por otros colegas y, después otros investigadores conducen estudios científicos adicionales para determinar si el tratamiento resulta ser exitoso.

Es muy parecido a las pruebas con los medicamentos de la Administración de Alimentos y Medicamentos (FDA) - pruebas sin que los participantes e investigadores estén al tanto de lo que se está probando, de forma aleatoria, por largos periodos de tiempo y muy a fondo. Cuando se reconoce a un método terapéutico como una EBT, significa algo de suma importancia.

Hay personas a las que se categorizan como "resistentes a tratamiento", lo que significa que estos tres tipos de EBT no han funcionado en ellas, pero los investigadores han encontrado tratamientos alternativos para para estos pacientes. Estos tratamientos incluyen el uso de ketamina, terapia psicológica con la ayuda de MDMA, y tratamientos basados en la confianza.

Se ha invertido mucho dinero en investigaciones relacionadas con el PTSD y están arrojando resultados positivos (gracias a los médicos e investigadores de la Universidad de Texas en la facultad de Ciencias de la Salud, quienes están al frente de la iniciativa STRONG START en San Antonio, Texas).

El punto principal es que los EBT's funcionan la mayor parte del tiempo y para la mayoría de las personas. No importa cómo te sientas; así es la ciencia. Pero escucha esto: nada ni nadie puede convencerte de que algo es cierto si tú estás convencido que no lo es. Eso también es ciencia.

Anécdota Destacada

Hace unos años, trabajé en un equipo médico que atiende a clientes resistentes al tratamiento. Había una cliente aún en servicio activo, tenía 30+ años, había usado los tres tratamientos para su PTSD, pero aún tenía pensamientos suicidas y estaba muy deprimida. Su PTSD, en verdad, era debilitante y la estaban tratando con medicamentos sin que ella los quisiera. Su récord médico no tenía sentido. Era muy inteligente y trabajaba más que sus colegas. Aun así, sus síntomas nunca se redujeron al punto de que pudiera funcionar. Le pregunté si conocía lo que son "Las Dos Gran Preguntas."

Le pregunté, "¿Crees que sea posible recibir ayuda con tu PTSD y recuperarte al punto que podrás funcionar de mejor manera?" a lo

que ella contestó con una calma y con claridad, "No, sé que eso no es posible." le pregunté por qué pensaba así y me explicó que cuando recién fue diagnosticada por su psiquiatra en la base, el psiquiatra le dijo que no había una cura para el PTSD. Me comentó "Sé que el tratamiento me puede ayudar un poco, pero eventualmente terminaré suicidándome."

Me sentí en ese momento azotada, lo juro.

Hablamos por un largo rato sobre el PTSD, enfocándonos en los hechos y rumores, después, ella empezó otros tratamientos con los nuevos descubrimientos médicos. Cuatro semanas después, sus síntomas se redujeron al punto que podía funcionar de nuevo y su vida nunca volvió al pasado.

Rumor 2:

PTSD es solamente para militares/combatientes/tiradores del gatillo o no merezco tener PTSD

Muchos civiles piensan que solo los militares pueden

sufrir de PTSD. Dentro del servicio militar, muchos piensan que solo el personal en puestos de combate activo puede tener PTSD.

Son temas que escucho muy seguido:

- No puedo tener PTSD porque nunca salí de la base
- No puedo tener PTSD porque nunca disparé mi arma
- No puedo tener PTSD porque mi convoy militar nunca fue atacado

Eso no existe; así no es cómo funciona el PTSD. Tocaremos este tema más a fondo en el siguiente capítulo, pero basta con decir que tu mente y cuerpo reaccionan de la misma manera cada vez que tu convoy sale de la base, sin importar si son atacados o no.

No es necesario ser un jalador de gatillos chingón para que el PTSD te parta la madre.

Después, también existe la idea de que PTSD está reservado solo para aquellos que se lo han "merecido".

Eso comúnmente suena como:

- No merezco tener PTSD
- Por lo menos llegué a casa sano y salvo
- Por lo menos mis hijos aún tienen a su padre/madre
- Mi trauma no está relacionado con el combate

Hablemos claro: no merezco tener gripe. Soy una buena persona y saludable. Pero a la gripe le vale eso. Nadie merece tener malaria ni VIH o esquizofrenia, pero no tenemos opción. PTSD es lo mismo.

CTJ (significan las siglas "una seria reunión para fijar posiciones")

Al trabajar con sobrevivientes de abuso doméstico, nunca escuché a nadie decir "¿Piensas que a ti te fue mal? ¡Pues yo estuve en el hospital tres veces!" Nunca escucho platicas de superioridad entre sobrevivientes de otros tipos de trauma – por qué es increíblemente jodido participar en ese tipo de comparaciones.

Decir que "mi trauma es más traumático que tu trauma" no ayuda en nada y es algo que escucho muy seguido entre mis clientes militares. "Me tocó ir a Irak o a Afganistán," o "¡a mí me bombardearon dos veces!"

Comparar los traumas de cada uno es una mierda y tú eres una mierda de persona si lo haces. Alejarás a otros de intentar recibir la ayuda que se merecen. Así que evita a toda costa hacer eso.

Terapia de Procesamiento Cognitivo (TPC)

Uno de los tratamientos de EBT's para el PTSD se enfoca en "las creencias aferradas" o cosas en las que creemos con tanta intensidad que no nos permite recuperarnos.

Al trabajar con clientes individuales y con grupos llevando a cabo los TPC's, he escuchado muchas variaciones de "No merezco tener PTSD," como, por ejemplo:

- No merezco tener PTSD porque me congelé del miedo/no me defendí

- No merezco tener PTSD porque era un niño cuando ocurrió mi trauma

- No merezco tener PTSD por que pude haber hecho algo al respecto para prevenirlo/detenerlo

Amigo, escucha esto: **nadie merece tener PTSD** y definitivamente podemos vencer esto.

El tratamiento significa pasar por un trabajo duro, pero no es para siempre.

Rumor 3:
Personas con PTSD no son resilientes

En el 2009, el jefe de Estado Mayor del ejército norteamericano, el General Casey, le preguntó al líder de la Asociación Americana de Psicología, el Dr. Martin Seligman, como dirigirse a los problemas de suicidio y PTSD en las fuerzas armadas norteamericanas.

La respuesta de Seligman fue tomar el entrenamiento de Aptitud Integral del Soldado (AIS), un programa para crear resiliencia y crear fuerzas armadas psicológica y físicamente aptas. Desafortunadamente, el AIS no fue la panacea que todos esperaban y los investigadores retaron las evidencias empíricas como cuestionables.

Aun así, mis pacientes militares y sus superiores en la Cadena de Mando me mencionan constantemente su creencia popular de que si alguien sufre de PTSD es por qué no son lo suficientemente resilientes – que hay algo fundamentalmente mal con las tropas que no pueden salir de eso. Este no era el mensaje del AIS, pero, que le vamos a hacer.

Rumor 4:

Las personas con PTSD relacionadas con el combate fueron abusadas de pequeños o padecen de traumas previos

Ojalá estuviera mintiendo sobre esto, pero me toca escuchar esto muy seguido de parte de los médicos y, en especial, de oficiales militares. Esto complica la idea de que, si un militar tiene PTSD, no solo no es resiliente, si no que, cuando entraron al servicio, entraron ya dañados emocional o mentalmente.

Eso NO existe. No hay investigaciones solidas que comprueben esto, pero es algo que escucho seguido y me encabrona. Cuando reto a los médicos con estas teorías, no me pueden citar ningún estudio, pero dicen, "Pues tuve a este paciente...

Las anécdotas, amigo mío, no son ciencia.

Cuando busqué estudios que apoyaran a esta idea, encontré unas investigaciones de los años 90s que eran inconclusas. Como médico terapeuta, sé que esto no es así, pero me asombró ver cómo esta mentira se ha ido esparciendo y sigue creciendo.

Ya que sabemos lo que <u>no es</u> el PTSD, vamos a enfocarnos ahora en lo principal.

Capítulo 2

PTSD: Como son los hechos

Hecho: solo hay una manera de obtener un diagnóstico oficial del PTSD y eso es con un médico certificado que conozca el Manual de Diagnóstico y Estadística – versión 5 (DSM-V).

El Manual de Diagnóstico y Estadística, Versión Cinco, es un libro grueso y morado con el título de DSM-5 o DSM-V en el lomo del libro, que debe de estar en el estante de todos los y las terapeutas.

La versión Cinco se publicó en 2013 y es importante saber esto en caso de haber recibido un diagnóstico antes del 2013. **La definición médica de PTSD cambió _significativamente_ de la versión cuatro a la versión cinco**. Si ves un libro gris con el título DSM-IV o DSM-IV TR sobre el estante de tu terapeuta: ¡SAL DE ALLÍ CORRIENDO! Esa es una versión de pendejada de principiantes.

El DSM-V es la guía autoritaria actual de diagnósticos de todos los trastornos mentales. Contiene descripciones, síntomas, y criterio para un diagnóstico.

Me mantengo firme en esto punto por una razón: si tuviera una moneda de cinco centavos por cada cliente que me ha dicho que su primer psiquiatra no los diagnosticó con PTSD solo porque no tuvieron un alto resultado en una "prueba", tendría ya tres a cuatro dólares. No hay una "prueba para el PTSD", necesitaríamos tener una consulta frente a frente con un profesional de salud mental donde todo saldría a la luz.

Verdad Impactante

Es importante que conozcamos nuestro diagnostico mejor que nadie más y esto incluye a nuestro/a terapeuta, nuestros doctores, y nuestra cadena de mando.

El DSM fue escrito por médicos y dirigido a médicos. Tiene mucha jerga, palabras que no entienden muchas personas y puede ser difícil entenderlo por esa razón. Para explicar el PTSD, me dirigiré directamente al DSM-V y te ofreceré una traducción del lenguaje médico al español.

Cuando hables acerca de tus síntomas del PTSD con otras personas, quiero que suenes más listo y preparado que la chingada para que puedas recibir el tratamiento que te mereces y recuperar de nuevo tu vida.

Hay cinco criterios principales del PTSD que necesitamos saber: A-E. F, G y H tienen que ver con el tiempo, que tanto está afectando nuestro PTSD, y eliminar otros factores (como drogas u otras condiciones físicas o médicas).

Criterio A: Definición

Este criterio nos da la definición del DSM de trauma: "Ser expuesto en verdad o de manera peligrosa a la muerte, lesiones graves, o violencia sexual." Hay muchos eventos que pueden ser categorizados bajo esta definición - no solo el combate.

- Ser traficado

- Haber sido intimidado

- Golpeado

- Haber sido violado o sufrido algún abuso sexual

- Desastres naturales

- Balaceras en la escuela/iglesia

- Genocidio

- Crecer en un lugar peligroso

Esta lista puede no tener fin. Desafortunadamente, el trauma es una experiencia ubicua en los Estados Unidos de América. Los datos son claros: la mayoría de nosotros hemos experimentado un trauma o conocemos a alguien que lo ha experimentado.

Hablemos del término, *"Ser expuesto en verdad o de manera peligrosa."* Todos tenemos una reacción física o psicológica a los peligros que son: pelear, huir, o congelarse del miedo (el congelamiento es el llamado 'hijastro pelirrojo' del trauma, hablaremos más acerca de esto más adelante).

Nuestros cuerpos y mentes reaccionan de la misma manera a un peligro sin importar que sea de *verdad* o una *amenaza*.

Por ejemplo, digamos que vamos en un convoy todos los días fuera de la base y, que agradecidamente, nuestro convoy nunca es atacado. Pero somos inteligentes; le hacemos caso a nuestro S2 y ponemos atención a las instrucciones, vemos televisión, y sabemos que hay muchos convoyes que *sí* son atacados. ¿Y adivina qué?

Nuestros cuerpos y mentes se alistan cada vez que salimos de la base, aunque nos ataquen o no – porque el deber principal de nuestro cerebro es mantenernos vivos.

Nuestros corazones palpitan más rápido para que más sangre se dirija a los músculos, nuestros ojos se dilatan, empezamos a sudar o a temblar, y nuestros cerebros nos preparan para mantenernos vivos.

> *"Pero nunca fui atacado,"* dices, *"¡No merezco tener PTSD porque tengo mis piernas!"*

¡Párale allí con eso! Así no es cómo funciona el PTSD.

Cuando corremos hacia el búnker durante la alarma, al

leer los reportes de víctimas, al caminar de regreso a nuestra unidad de vivienda en la oscuridad, o literalmente evadir balazos, estamos expuestos a la amenaza de muerte, lesiones graves o violencia sexual.

Para resumir:

La definición de trauma es: ser expuesto realmente o de manera peligrosa a la muerte, lesiones graves, o violencia sexual.

¿Un día fácil? Ya que sabemos lo que es el trauma, nos dirigimos al ...

Criterio B: Síntomas de Intrusión

Digamos que entra un intruso a nuestra casa. Al forzar la entrada cuando no estamos preparados, ni esperando algo parecido, tratan de robar nuestras pertenencias. Así se sienten los síntomas de intrusión. Repasaré estos cinco síntomas de intrusión y traduciré de nuevo el lenguaje médico al español cotidiano para que puedas comprenderlo.

Síntomas de Intrusión 1, tal y como está escrito:

"Recuerdos traumáticos de eventos recurrentes, involuntarios e intrusivamente angustiosos."

TRADUCCIÓN:
"No podemos dejar de pensar en eso - y nos jode".

Los intrusos entran en nuestras casas cuando no los queremos ahí y tenemos cero control sobre ellos. Esto es lo que hacen los recuerdos intrusos; entran en nuestra mente cuando no queremos que lo hagan, hacen lo que quieren y, pasa muy seguido (nuestro cerebro se encuentra entonces en un vecindario peligroso).

Síntoma de Intrusión 2, tal y como está escrito:

Recurrentes sueños estresantes en que el contenido y/o el efecto del sueño está conectado a sucesos traumáticos."

TRADUCCIÓN:
"Pesadillas... sueños raros que te hacen sentir miedo."

Recurrente significa que pasa y vuelve a pasar algo una y otra vez, estresante significa que causa angustia. En la televisión, cuando alguien tiene una pesadilla o un recuerdo, revive el trauma de nuevo, de la misma manera, de lo que ocurrió originalmente en "la vida real", pero las pesadillas pueden ser aterradoras a su propia manera. Pueden tener elementos de nuestros traumas, de nuestros miedos, y de otras emociones fuertes.

Síntoma de Intrusión 3, como está escrito:

"Reacciones disociativas (por ej. recuerdos recurrentes) en los cuales el individuo se siente o actúa como si el evento traumático estuviera ocurriendo en ese momento."

TRADUCCIÓN:
"Sensaciones/experiencias extrañas que nos recuerdan el trauma, joden con nuestra cabeza, y nos hacen sentir que estamos locos."

La disociación es una palabra que en realidad significa desconexión y el PTSD definitivamente nos puede hacer sentirnos desconectados de nosotros mismos.

Algunas veces, esto se percibe como sentir emociones fuertes que salen de la nada y nos sentimos tristes o ansiosos "sin ningún motivo." A veces, si siente como si todo a nuestro alrededor no es real o algo está "mal" y no podemos explicarlo.

A veces, parece sentirse más como una confusión.

Desafortunadamente, esto es normal con el PTSD.

Ya que este tema es incómodo, hay que meternos más a fondo en él: las *alucinaciones*. Esto es cuando vemos, escuchamos, olemos, probamos o sentimos algo que sabemos con certeza que no está ahí.

Cómo cuando olemos algo que se está quemando y

sabemos que no hay fuego, o probamos "polvo de la luna" estando en casa (se refiere al polvo que cubre la región al sur de Afganistán e Irak. Al parecer cuando lo pisas, dejas huellas parecidas a las que dejaron los astronautas en la luna, o posiblemente creemos escuchar disparos, o pensamos que vemos personas que nos están siguiendo.

Quiero ser directa contigo:

Nunca he visto un caso de PTSD sin alucinaciones.

Nunca. Y necesitamos hablar sobre esto abiertamente porque las alucinaciones nos hacen sentir que estamos locos de verdad, de una manera que se siente diferente a otros síntomas. Del mismo modo que los recuerdos recurrentes.

Cuando no sabemos que las alucinaciones y los recuerdos son causados por el PTSD, nos podemos sentir como que estamos enloqueciendo y, consideramos seriamente el suicidio – y eso tiene mucho sentido.

¿Qué es un recuerdo recurrente?

Como las pesadillas, los recuerdos no son nada como lo que vemos en las películas. Los recuerdos pueden sentirse como pesadillas que se mueven y hablan; son episodios intensos que ocurren mientras estamos despiertos. Los recuerdos llegan repentinamente y se sienten incontrolables. Son más cómo una pesadilla que un recuerdo recurrente, porque a veces no podemos distinguir entre un recuerdo y la realidad. Son intensos y se sienten muy reales. A diferencia de un corto de una película, en nuestros recuerdos podemos ver, escuchar, probar y oler cosas con una gran intensidad. Es espantoso porque se siente que el trauma está ocurriendo de nuevo. Quienes hemos sufrido de estos recuerdos nos sentimos como que estamos enloqueciendo. No lo estamos; esto es un síntoma conocido del PTSD.

Dejamos de tener confianza en nuestras mentes y cuerpos y, literalmente, empezamos a sentirnos aterrados de nosotros mismos y de nuestras reacciones.

Nos empezamos a preguntar

"¿Y si lastimo a mi familia?"

o

"¿Qué tal si pierdo la cabeza al estar de compras en el Walmart?"

Te entiendo perfectamente - se puede sentir como que no podemos salir de esta situación. **Pero sí podemos.**

Por ahora, solo intenta comprender y analizar esto:

Las alucinaciones y los recuerdos son un síntoma usual del PTSD.

Usual o normal no significa que eso está bien, solo es que las alucinaciones y los recuerdos son comunes y no algo inesperado. Es parte de este trastorno; **no eres un monstruo.**

Síntomas 4 y 5 son dos lados de la misma moneda, así que los juntaré:

Síntoma 4 & 5 son:

"Angustia psicológica intensa o prolongada (síntoma 4) o angustia física (síntoma 5) a causa de nuestras señales internas o externas".

TRADUCCIÓN:
Todos tenemos reacciones físicas y psicológicas a las amenazas. Esto significa que nuestros cuerpos y cerebros reaccionan. Las señales se pueden describir, de una mejor manera, como provocaciones:

Las provocaciones pueden ser internas (como el dolor) o externas (como si se escucharan fuegos artificiales) y nos pueden hacer recordar ese trauma. El olor de la loción de nuestro agresor, una caja en medio de la carretera, el sonido de un disparo todos estos son ejemplos de posibles provocaciones:

Provocaciones: estimulo que causa que nuestro cuerpo y mente reaccione.

Las provocaciones, verdaderamente, nos pueden afectar; pueden causar que se nos acelere el corazón o incluso, causarnos un ataque de pánico. Desafortunadamente, no sabemos cuáles son las provocaciones hasta que las experimentamos. Es el peor tipo de una sorpresa ingrata.

Actuar con Firmeza

Para el Criterio B, el DSM-V establece que debemos de tener uno o más de estos síntomas. Así que, si cumplimos con uno de los cinco, nos ganamos la lotería del PTSD y, si tenemos todos, cumplimos con este criterio. Este es un error clínico muy común; no necesitamos tener todos los cinco síntomas para cumplir con este criterio.

Criterio C: Síntomas de Evitamiento

El DSM define esto como evitar *cosas internas* (como recuerdos, pensamientos o sentimientos) o evitar *cosas externas* (como la gente, lugares y cosas que nos recuerden al trauma).

Nosotros con el PTSD haremos lo imposible para evitar cualquier cosa que nos recuerde a nuestro trauma.

Pues obviamente, no friegues. Esto tiene mucho sentido: ¡claro que **queremos evitar esos recuerdos y reacciones que nos hacen sentir como que estamos locos!** Es por esto por lo que son comunes, con el PTSD, las adicciones con drogas y alcohol - porque entumecer el dolor es más fácil.

Amigo/a, sabemos que haremos hasta lo imposible para evitar cualquier cosa que nos recuerde a nuestro trauma. Esto puede ser visto cómo una forma de demencia por otras personas pero, en el contexto del PTSD, tiene mucho sentido.

Hay ejemplos comunes como:

- Dar varias vueltas al estacionamiento antes de estacionarte como si estuvieras en una zona de combate

- Evitar ventanillas de autoservicio por temor a quedarte atrapado

- Llegar temprano para así poder evitar un asiento alejado de la ventana

- Hacer tus quehaceres en horarios poco habituales para evitar las multitudes

- Revisar todos los puntos de entrada en un edificio

El evitamiento se puede complicar y causarnos ir a los extremos para evitar cualquier cosa que desencadene nuestros traumas. Como posiblemente nadie de ustedes ha experimentado esto, aquí está una experiencia de mi propia historia:

Anécdota Destacada

Sin jaladas, ahí estaba en el Comisariato de Heidelberg después de mi tercer viaje a Irak, y no, no estaba bien. En la sección de productos refrigerados, empecé a pensar sobre los de masa presurizada, tú sabes cuales – esos productos para hornear que se abren cuando le quitas el cartón (rollos, panecitos, o lo que sean). Como te decía, empecé a pensar sobre el sonido tipo "pop"al abrir el recipiente.

Cuando era niña, esta pequeña explosión me hacía brincar y ahora, pensé: ¿qué tal si todos estos explotan y pierdo mi habilidad para escuchar?

Entiendo que esta idea estaba loca. Lo sabía, incluso si todos esos botes de masa explotaran al mismo tiempo, no me lastimarían. Pero tampoco podía dejar de pensar en eso.

En mi lista del mandado se encontraba: leche. Al acercarme a la sección de productos refrigerados, mi corazón empezó a palpitar más fuerte.

Empecé a temblar y sudar. Me congelé. Una señora me preguntó si me estaba bien. "¡Claro que lo estoy!¡ Gracias!".

Decidí comprar leche en caja, el Parmalat es popular en Europa y fácil de encontrar. En las siguientes semanas, evité la sección de productos refrigerados – nada de queso ni huevos. Después empecé a evitar el comisariato por completo porque sentía que mi corazón palpitaba cuando llegaba al estacionamiento. Después del tratamiento para el PTSD, pude volver a la sección de productos refrigerados del comisariato sin temer por mi vida, pero todavía odio esos botes de cartón de masa.

El trabajo de nuestro cerebro es (1) mantenernos vivos, y (2) entender el significado. El evitamiento es lógico en estos contextos, así que tómalo con calma y mesura.

El Lado Oscuro del Evitamiento

Nuestros familiares y amigos no son unos tontos; saben que algo pasa con nosotros y probablemente se han dado cuenta que es PTSD. Y nosotros sabemos que ellos saben. Y ellos saben que nosotros sabemos que ellos saben. No queremos darles preocupaciones a las personas que amamos, así que empezamos a evitarlos. Empieza de poco a poco, tal vez tomándonos demasiado tiempo limpiando la cochera y empezar a beber durante el día, pero esto empieza a pasar rápidamente. Antes de que nos demos cuenta, nuestras parejas están enfadadas y nuestros hijos nos piden que ya no vayamos a sus partidos de fútbol.

Los capítulos 9 y 10 tratan de cómo hablar con la familia, amigos y colegas sobre nuestro PTSD de una manera que ayudará a reparar esas relaciones y nos brinda apoyo para recuperarnos.

Criterio D: Alteración negativa en el estado de ánimo y el reconocimiento

Esto significa, "Cambios negativos en nuestros pensamientos y sentimientos". Hay siete de estos síntomas, y necesitamos *dos de los siete* para cumplir con este criterio. Revisémoslos:

Síntoma 1: No podemos recordar partes importantes del trauma

Cuando nuestros cuerpos están en el modo de pelear, correr, o congelarse, nuestros cerebros cambian todo a modo de sobrevivencia. No es inusual que las personas con PTSD olviden segmentos enteros de sus despliegues, o no recuerdan aspectos importantes del trauma hasta que se enfrentan a un desencadenamiento que lo ocasionan.

Síntoma 2: Creencias negativas sobre nosotros mismos, sobre otras personas, y el mundo en general que suelen ser persistentes y exageradas.

En la Terapia de Procesamiento Cognitivo, le llamamos a esto "puntos de estanque" y definitivamente nos quedamos estancados. Comenzamos a creer (y crear) pensamientos exagerados como:

- No se puede confiar en nadie

- Nunca voy a mejorar

- Este mundo está bien jodido

Síntoma 3: Pensamientos persistentes y distorsionados sobre que causó el trauma o que pasó debido al trauma.

Estos pensamientos nos llevan a culparnos a nosotros mismos o a otras personas. Culparse a uno mismo es común, aun cuando sabemos que nuestros pensamientos no tienen lógica. Estos son pensamientos como:

- Yo debería de haber salido en ese convoy - en vez de mi compañero

- Debería de haber sabido que caminar solo/a en el FOB (Base de Operaciones) no era seguro

- Si no me hubiera congelado de miedo - hubiera podido hacer algo para salvarle la vida

Estos pensamientos distorsionados se sienten 100 por ciento convincentes, pero necesitamos preguntarnos si existe la posibilidad de que estemos equivocados. No necesitamos decidir de una manera o la otra, pero si necesitamos:

Preguntar si es *posible* que estemos equivocados. La razón por la cual necesitamos hablar de esto es porque estos pensamientos nos hacen querer lastimarnos a nosotros mismos. Hablaremos más sobre esto más adelante, pero por ahora, hay que dejarlo aquí:

Si existe la posibilidad de que estemos equivocados, entonces es posible que lastimarnos a nosotros mismos <u>no</u> es la respuesta correcta.

Verdad Impactante: Hablemos Sobre el Congelamiento

Escuchamos sobre los temas de pelear o huir todo el tiempo, pero el congelamiento es el 'hijastro pelirrojo' del trauma. Los tres temas: pelear, huir y congelar, son respuestas neurobiológicas normales al miedo, pero si no sabemos esto, nos podemos sentir culpables, enojados, o como que nosotros "lo dejamos pasar" cuando nuestros cuerpos se congelan de frente a un trauma.

Primero, hablemos sobre la fantasía de que tenemos una opción en cuanto a nuestros cuerpos si peleamos, huimos, o nos congelamos, - porque eso no existe. Cuando estamos en peligro, nuestras mentes se alteran y toman el control para proteger nuestras vidas. No tenemos una opción; en un segundo nuestra mente toma la decisión para nosotros. Piensa sobre esos programas de la naturaleza donde los leones están cazando gacelas. Ninguna gacela le va a partir la madre a un león, así que tiene dos opciones, huir o congelarse – y ambos son métodos de sobrevivencia legítimos. El ojo ve lo que se mueve (me muevo, me ven, y me agacho) así que puede ser que el león no vea a la gacela congelada a su lado. Las personas que diseñan los entrenamientos militares saben esto y hacen grandes esfuerzos para quitarnos ese instinto de congelamiento.

Los entrenamientos con municiones reales, técnicas de interrogación, disparar y moverse – se hacen esos entrenamientos repetidamente para que nuestras mentes brinquen al momento de que haya fuego. Pero nadie nos entrena a ser violados, o cómo sostener a un amigo mientras muere, o cómo responder cuando vemos a alguien a quien se lo madrearon. No hay cómo defenderse, no hay cómo correr; nos congelamos.

La culpa que viene con el congelamiento puede ser abrumante. Podemos tener una fantasía de que, "si no me hubiera congelado, todo sería diferente", o "si no me hubiera congelado, hubiera podido defenderme". Te digo esto con afecto: es imposible que estés mal, congelarse no es una decisión; tu mente toma el control y te mantiene con vida.

Síntoma 4: Estado emocional negativo persistente (p. Ej. miedo, terror, enojo, culpa, o vergüenza).

Nos sentimos de la fregada – y mucho.

Síntoma 5: Pérdida de Interés o participación en actividades significantes.

Relajarse y divertirse puede verse como una pérdida de tiempo; es más fácil quedarse en casa. Incluso las cosas que disfrutábamos no nos llaman la atención, por ejemplo: salir con amigos, tener relaciones sexuales - incluso cosas rutinarias como jugar video juegos o masturbarse. Esto puede afectar a nuestras familias también, porque no estamos pasando suficiente tiempo con ellos.

Solo tenemos cierta capacidad, amigo/a.

Cuando nuestra mente está ocupada combatiendo todos esos síntomas intrusivos y evitando temas, es difícil concentrarse en otra cosa, especialmente en relajarse y divertirse.

Síntoma 6: Sintiéndose alejado o distanciado de otras personas.

Sentirse desconectado y alejado de otras personas es común. Esto es especialmente cierto de las personas civiles o personas que no son de la infantería (POGs por sus siglas en inglés), soldados que no son aptos como paracaidistas, o cualquier otra persona que pensamos que simplemente "no entiende" (esto va para todos ustedes de la comunidad de conflicto armado).

Síntoma 7: Inhabilidad persistente de sentir emociones positivas.

Hay que pensar en nuestras emociones como un continuo: por un lado, tenemos nuestras emociones negativas que no queremos sentir, como tristeza, culpa, o perdida, en medio están los sentimientos medianos como "¡*bleh!*" (apatía), ambivalencia, o no nos importa, y del otro lado están las emociones positivas que queremos sentir como felicidad, alegría, y la risa. Se ve así:

FEELINGS I DON'T WANT TO FEEL			FEELINGS I DO WANT TO FEEL
SADNESS, FEAR, GUILT RAGE, ANGER	SARCASM, "MEH," WHO CARES?	INTEREST, FASCINATION, WONDER	LOVE, JOY

¿Recuerdas el criterio C del evitamiento? Eso es cuando hacemos hasta lo imposible para evitar cualquier cosa que nos recuerde a nuestro trauma. Esto incluye todas las cosas que no queremos sentir, como el arrepentimiento y la tristeza. Tiene sentido que queremos evitar sentirnos de la chingada y la esperanza es que podemos evitar sentirnos de la fregada y disfrutar el lado derecho de la escala solamente. Eso tiene sentido, pero los sentimientos no funcionan así.

Mira, la situación con estos sentimientos continuos disminuye de igual manera de los dos lados. Esto significa que cuando evitamos esos sentimientos de la fregada al lado izquierdo, *no podemos* sentir esos sentimientos positivos que queremos al lado de la derecha. Es un efecto secundario completamente inesperado, pero así es cómo funciona el cerebro. Evitamos los sentimientos a la izquierda y los sentimientos de la derecha se reducen de igual manera hasta que lo que sigue se ve así:

FEELINGS I DON'T WANT TO FEEL   **FEELINGS I DO WANT TO FEEL**

←——————→
NUMB

Trabajamos para evitar las cosas que no queremos sentir, pero ahora literalmente no podemos sentir alegría, risa o felicidad.

Acabamos en ese lugar horrible llamado *"entumecido"* - y se siente aterrador. Nuestra pareja se acerca a nosotros y quiere hablar sobre algo que le molesta mucho - y sabemos que está en todo su derecho de sentirse así - pero nosotros no sentimos nada. Nuestros amigos tratarán de hablar con nosotros respecto a cómo nos hemos estado comportando y, podemos ver que se preocupan por nosotros, pero se siente como si estuviéramos observando por fuera de nuestro cuerpo esta interacción. Nuestros hijos correrán hacia nosotros llorando y nosotros no sentiremos nada. Tal vez pensamos, "detente y deja de llorar, pinche chillón". ¿Qué chingados? ¿Ah caray, en verdad pensé eso?

No sentimos nada y sabemos que debemos de sentir algo.

Podemos decir, "¿que estará mal conmigo? ¿Qué tipo de monstruo no siente nada como yo? Tal vez, en realidad, soy un animal". Inclusive, podemos empezar a buscar en Google si somos un tipo de psicópata (tranquilízate, no lo eres).

Nos sentimos entumecidos por un rato y luego, nos llega una idea: m*e mataré.* De repente, inesperadamente, sentimos *algo.* No es alegría, pero no es entumecimiento. De hecho, es la primera vez que hemos sentido algo fuera de lo entumecido por un buen rato – lo más cercano que nos hemos sentido a ser felices en mucho tiempo. No porque el suicidio arregla esto de la manera en que pensamos que lo arreglará, pero porque tenemos una respuesta que no teníamos antes - y eso se siente increíble. Nos podemos decir a nosotros mismos: *ésta debe ser la mejor manera - ¿por qué me sentiría así si no lo fuese?*

Podremos comenzar a recibir una validación externa de las personas a las cuales les importamos. ¡Es bueno verte sonreír de nuevo! ¡Te vez mucho mejor hoy! Esto viene de nuestra pareja, colegas, y amigos y, después, comenzamos a suponer que nuestra idea debe de ser buena.

Adelantémonos: no lo es.

LOS SENTIMIENTOS NO SON DATOS.

Vamos a hablar seriamente sobre el suicidio en un capítulo más adelante porque nadie habla sobre ello y debemos hacerlo. No estoy tratando de leer tu mente. He experimentado eso y he escuchado este tema literalmente miles de veces con mis pacientes.

(Si no lo has experimentado, ¡bien por ti! – vas ganando con el juego de la vida).

Si te estás sintiendo de esta manera por el momento, deja este libro y lee Suicide: The Forever Decision (Suicidio: Decisión para Siempre) por Paul G. Quinnett, PhD. Está disponible gratis en Amazon en formato de Kindle y hay varios sitios donde se puede descargar el PDF gratis. El Dr. Quinnett es brillante y lo recomiendo mucho. Me salvó la vida y es importante que te lo confiese.

Recuerda: 2/7 para cumplir con este criterio. Se que esto es agotador: ahora va el último criterio:

Criterio E: Cambios significantes en la incitación o reacción asociada con el trauma

Este tipo de incitación no tiene que ver con el sexo. En este caso, la incitación significa que tu cerebro y tu cuerpo están en alerta, despiertos y listos. Esto tiene mucho sentido porque:

Si nuestro cerebro no se siente seguro, nos mantendrá alertos para que así no nos jodan.

Pura lógica desde la perspectiva de nuestro cerebro, pero esto no funciona bien en el día a día. Como en el criterio D, **esto requiere de dos síntomas**, no de todos.

Síntoma 1: Comportamiento irritable o estallar de ira (sin o con poca provocación)– puede ser verbal o físico.

Eres un guerrero/a y has pasado por momentos difíciles. Y esto sucede.

Síntoma 2: Comportamiento peligroso o autodestructivo

Para los y las que seguimos activos en el servicio militar, esto aparece como con el uso de drogas, sabemos que tenemos pruebas de orina a cada rato y hay una alta probabilidad que seamos descubiertos.

El comportamiento de alto riesgo en las tropas no es algo inusual en la vida real, pero el comportamiento de alto riesgo con el PTSD es una cosa totalmente diferente. Piensa en lo que es conducir tu motocicleta sin un casco, mientras estás drogado y vas a recoger a tu pequeña hija a la guardería (caso verdadero). Piensa de nuevo en la evitación también – destruimos nuestros matrimonios, destripamos a nuestros mejores amigos, y llegamos ahogados de alcohol a reuniones familiares. Una autodestrucción total – ahora sabes por qué.

Síntoma 3: Hipervigilancia.

Esto significa un mayor estado de alerta y comportamiento con el propósito de mantenernos seguros. Estamos a la defensiva, incluso cuando lógicamente estamos bien. Nuestro cerebro y cuerpo se mantienen en alerta para pelear, huir o congelarse del miedo. Es agotante mantenerse así por un largo periodo de tiempo y sin podernos relajar.

Síntoma 4: Respuesta exagerada por una alarma.

Estar asustado (sorprendido) es una respuesta defensiva subconsciente a un ruido repentino o a un peligro inminente. Siempre nos sentimos en alerta.

Síntoma 5: Problemas con la concentración.

Solo tenemos cierta capacidad para exigirnos tanto, así que, cuando nuestra mente está ocupada con síntomas de intrusión y evitación, es difícil concentrarnos en algo más.

Síntoma 6: Problemas al dormir.

Estos pueden ser problemas para poder dormirse, quedarse dormido, o padecer de un sueño inquieto sin descanso.

RECUERDA:
2/6 PARA CUMPLIR CON ESTE CRITERIO

Cubriremos los últimos tres criterios de manera breve ya que no son complicados.

El criterio F dice que estos síntomas deben de haber estado presentes por más de un mes.

El criterio G se asegura que estos síntomas son problemáticos y están afectando nuestro día a día.

El criterio H nos recuerda que si estos síntomas son el resultado de alguna sustancia (como un medicamento o una droga) o una enfermedad física, entonces no es PTSD.

Capítulo 3

Daño moral:

Pérdidas de compañeros en combate, crímenes de guerra, y traición de parte del liderazgo

Antes de hablar de un tratamiento para el PTSD, hay una cosa más que tenemos que discutir juntos: el daño moral. Cuando me encontré con investigaciones sobre el Daño Moral por Brett Liz y su equipo, quedé anonadada. Pensé, *¿cómo es posible que nadie esté hablando de esto?* Eso incluye a otros psicoterapeutas - así como yo misma.

Si bien el daño moral no es un diagnóstico que podemos encontrar en el DSM-V como el PTSD, pienso que es importante que discutamos estos hechos para así poder tomar decisiones de manera mejor informadas y recuperarnos más pronto.

El PTSD está sembrado en el miedo, nuestro cerebro hace acrobacias mentales para poder mantenernos con vida. Pero el daño moral se siente incluso más vil porque está sembrado en la vergüenza, proviene de eventos que violaron las más profundas expectativas que teníamos de nosotros mismos y de los demás. El daño moral nace en el "debería" – en el cómo "debería de ser", de cómo debería de haber tratado a alguna persona o cómo "deberían de funcionar" las cosas – en la guerra y en la vida.

Estas son las cosas que hicimos o no hicimos; las acciones que otras personas hicieron o no hicieron – las cosas que no podemos cambiar. Los estudios sobre el daño moral que cuidadosamente colocan estos temas en estas tres categorías son:

- Pérdidas en combate

- Perpetración

- Traición de parte del liderazgo

El PTSD es la pérdida en la seguridad personal y el daño moral es la perdida de la confianza.

La confianza radica en nosotros mismos, en otros, en la misión, e incluso en las fuerzas armadas. Y cuando perdemos la confianza, podríamos perder todo lo demás.

El comandante engreído que toma viajes innecesarios fuera de la base para asegurar su medalla de combate (CAB). Los niños danzantes que escuchamos al ser violados por los jefes militares – en nuestra base – y nos ordenaron que no hiciéramos nada porque "es su cultura". Los videos de decapitación que fuimos forzados a ver para que pudiéramos "entender lo que está en riesgo" al interrogar a los detenidos. Ver a la viuda de nuestro amigo en la ceremonia "del regreso" (redespliegue), las interrogaciones que tuvimos que facilitar, las golpizas que recibimos y que dimos, los niños muertos, perros muertos, y *no chingues ¿ese hombre fue promovido a coronel?*

El daño moral cubre todo eso y más; la literatura dice que es como si un investigador se haya puesto hasta la madre bebiendo con cada uno de nosotros después del redespliegue y tomó muy buenas notas.

Definiciones

El daño moral puede ocurrir como consecuencia de las experiencias en las cuales nosotros (miembros del servicio militar), o alguien cercano a nosotros, violó nuestro código moral. Algunos investigadores los llaman "actos transgresivos": experiencias que violan (o transgreden) los limites aceptables de comportamiento. Cuando nuestras experiencias de guerra retan nuestros valores fundamentales, nos comen por dentro. Lentamente.

En cuanto al "porqué", esto comienza con quienes éramos antes de entrar al servicio militar. Solo ciertos tipos de personas se comprometen con el servicio militar; hay una razón por la cual le decimos "el servicio".

La mayoría de nosotros estábamos tan jóvenes, sin idea de la vida, cuando entramos al servicio militar. Cuando recién empezamos, queríamos ayudar a otras personas, proporcionar una diferencia positiva en el mundo, todo eso. Muchos de nosotros entramos después de los ataques del 9/11 en las Torres Gemelas. Hicimos un compromiso, con la parte militar y con cada uno de nuestros compañeros, y había algo tan simple y puro con eso. *Nunca abandones a un compañero. Sigue las reglas de combate. Trae a todos de regreso a casa.*

Pero esto no siempre pasaba. Usamos fuerza mortal, dimos órdenes y otras las seguimos; no era ni tan simple ni tan puro.

Puede que hayamos hecho algo, o presenciado o fallado en prevenirlo, hay cosas que ocurren en la guerra que nos hacen cuestionar quienes somos hoy y quienes podemos ser en el futuro.

Daño Moral
El daño moral es el daño al alma y, porque muchas veces no podemos hablar de lo sucedido (tal vez por un ADC (acuerdo de confidencialidad), o un pacto o porque puede traer problemas con la ley), recurrimos a castigarnos a nosotros mismos.

Las investigaciones de Litz et al., encontraron que nos castigamos nosotros mismos al sabotear nuestro propio bienestar, a lo que llamaron "auto desventaja". Esto incluye el distanciamiento social, el uso de sustancias, y la propia condenación.

Al no poder hablar sobre eso - nos aislamos. Guardamos nuestros sentimientos, agarramos el alcohol y nos convertimos en nuestros peores críticos. Las pláticas que hacemos con nosotros mismos son debilitantes: *Solo un monstruo lo haría y solo un animal lo haría, y tuve que haber sido yo.* Llenamos ese espacio en blanco y lo repetimos en nuestra mente una y otra vez.

Al describir la diferencia entre culpa y vergüenza, Brené Brown menciona que la culpa es "hice algo mal" y la vergüenza es "yo soy ese/a que está mal."

El daño moral significa vergüenza; la idea de que existe algo moral y fundamentalmente mal con nosotros.

Si la idea de un alma herida es un poco cursi, piensa en el daño moral como una crisis existencial a toda potencia; una en la cual hacemos la pregunta: *¿Cuál es el significado de mi existencia?* Es una mierda espiritual profunda que llega hasta el centro de nuestra identidad, moralidad, y nuestras relaciones – con nosotros mismos, nuestras familias (sobre todo con nuestros hijos) y el resto del mundo.

A veces, el daño moral coexiste con el PTSD, pero no es lo mismo. Esto significa que, si tenemos ambas cosas, pero solo recibimos tratamiento para el PTSD, el daño moral puede permanecer y partirnos la madre hasta que nos enfocamos en eso de manera separada. **Con el daño**

moral, el trauma *y su significado* necesitan ser procesados. Necesitamos ver dentro de lo más profundo de nuestro ser y procesar la traición, furia, autodesprecio y nuestras ansias de causarnos daño a nosotros mismos.

3 Categorías de Daño Moral

Pérdida en Combate.

Creamos conexiones únicas cuando desplegamos juntos y podemos sentirnos personalmente responsables por la seguridad de todos en nuestra unidad.

Cuando alguien muere en combate, se siente como un fracaso. Muy pocas veces tenemos la oportunidad de expresar nuestro dolor porque la misión debe continuar y tenemos que tragarnos ese sentimiento de fracaso (sin importar cómo ocurrió la muerte).

Es difícil juntar los sentimientos conflictivos. Usamos palabras como "héroe" y "sacrificio", pero ¿qué significa eso si nuestro hermano está muerto y no va a regresar? Cuestionamos el valor de la misión, la corrupción de nuestros superiores o, si en realidad tuvo que haber ocurrido de esa manera. Aun al pensar de esa manera, nos puede hacer sentir como que estamos deshonrando a nuestro compañero, así que mejor nos lo tragamos todo.

Perpetración.

Esta es la sección de "crímenes de guerra" y es

incomoda. Esto incluye cometer un crimen de guerra al ser un participante activo en uno (en un acto de comisión) o cometer un crimen de guerra al no hacer nada para detenerlo (acto de omisión). Antes de reírte a carcajadas y sentarte en tu trono, quiero aclarar que la perpetración tiene un 'paraguas' grande y difícilmente es sencillo. Incluye lo que creemos que hicimos, lo que creemos que no hicimos, o lo que creemos "que debíamos de haber sabido" que iba a pasar. Nota esa palabra "creer". El daño moral jode nuestro sistema fundamental de creencias y la perpetración se vuelve complicada.

Incluye, pero no está limitado a: asesinar de manera accidental o intencional a personas no combatientes, torturar, vengar, o matar de manera sádica, agresión indiscriminada, agresión sexual, y fracasar (sea real o percibido) en evitar la muerte de otros miembros del servicio o civiles.

On Killing, publicado_por el teniente coronel Dave Grossman, es un texto clásico al presentar un buen trabajo dónde explica cómo nuestro entrenamiento nos ayuda a sobrepasar nuestro instinto de no matar a otros humanos. Te va a llamar la atención si lo lees. Basta con decir que hay cosas que pasan en un despliegue militar que son difíciles de asimilar cuando regresamos a casa. Se vuelve difícil distinguir quienes somos en la guerra y quienes somos cuando no estamos en una guerra y nos preguntamos si nuestras vidas tienen algo de valor o si hemos hecho cosas malas en nuestro pasado.

Traición de Nuestros Superiores.

Todos cometen errores; eso es un hecho. Actos que caen en esta categoría de "traición de nuestros superiores" son comportamientos que son especialmente caprichosos, riesgosos, e implican un trato injusto. Las consecuencias pueden ser horrendas porque los lideres tóxicos prosperan en situaciones caóticas donde no son supervisados de cerca como en la guerra. En situaciones de traición de parte de nuestros superiores, los "lideres" infringen todas las expectativas razonables de conducta moral y ética y es poco probable que se haga justicia porque así no funciona el tema militar. El acoso, novatadas, ordenes ilegales, y agresión sexual suelen estar más bajo control entre más cerca estamos a "la bandera" (a la base), pero en los campos de entrenamiento, comienza el juego para psicópatas venales, enfermos que literalmente tienen el poder de la vida y la muerte.

No es que me encuentro amargada.

Napoleón dijo la famosa frase, "Es increíble lo que un hombre haría por una cinta de colores", o por una medalla de combate ("CAB"), una Estrella de Bronce, o cualquiera otra medalla. Los ejemplos de traición de nuestros superiores incluyen, pero no están limitados a:

- Poner en riesgo la seguridad de las tropas sin necesidad

- Aislar a un individuo al punto que comete suicidio

- Amenazar a las tropas con violencia

Pienso que podemos tomar como referencia a la obra, *Docena Sucia*, escrita por Robert Sutton. Aquí también aparecen los insultos, la invasión de espacio personal, los tocamientos no solicitados, amenazas, sarcasmo, críticas severas, humillaciones, poner a alguien en vergüenza, interrupciones, hablar mal de alguien a sus espaldas, mirarlo/a fijamente, y rechazar abiertamente a otros.

Desafortunadamente, ser un cabrón o un estúpido no es una infracción de las leyes militares. No es justo, es muy común, y nadie que está en una posición de poder quiere hacer nada al respecto.

Los lideres tóxicos nos calan la confianza hasta el fondo.

En momentos de combate, los lideres tóxicos acaban con la moral de la unidad y después, en casa, esa falta de confianza fundamental se extiende a nuestras relaciones personales. Llegamos a esperar injusticia, sentimos una furia intensa, y hasta podemos tener fantasías detalladas de venganza.

Nos inculpamos a nosotros mismos con mensajes de vergüenza por no haber hecho algo para prevenir ese comportamiento.

Las Manifestaciones Comunes de Daño Moral incluyen:

- Causarse daño a uno mismo

- La falta de aseo personal

- Abuso de sustancias

- Comportamiento negligente

- Comportamientos que lo debilitan a uno

- Sentirse sin esperanzas

- Autodesprecio

- Falta de empatía

- Sufrimiento interno

- Remordimiento

- Pensamientos que lo condenan a uno mismo

Lo que sigue

Es importante tomar un respiro y reconocer que nuestras experiencias pueden impactar nuestras vidas a largo plazo en lo emocional, conductual, espiritual y social. El PTSD y el daño moral nos parten la madre y, por eso mismo, lo que sigue en este libro trata sobre cómo podemos recuperar nuestras vidas.

Ya que entendemos los hechos, vamos a cambiar el enfoque y crear un plan de ataque. Primero, hablaremos sobre como desafiar los sistemas de creencias fundamentales. Después, discutiremos los tratamientos para el PTSD y el daño moral, basados en estudios científicos, para que se pueda tomar una decisión informada sobre cual tratamiento se ajustará más a tus necesidades. Después de eso, expondremos cómo crear un equipo de apoyo: encontrar a un/a terapeuta, hacer nuevos amigos, y consultar a los amigos, familiares y colegas. Por último, hablaremos sobre cómo poner límites saludables para protegernos de una recaída.

Va a requerir de bastante esfuerzo, pero miles de militares lo han hecho y tú también puedes.

Capítulo 4

Cómo ocurre el cambio:

Una introducción a las "Dos Gran Preguntas"

Aquí está el aviso de que puedes estallar: a muchos no les va a gustar lo que estoy a punto de decirles (#meanlady). Pero para poder recuperarse del PTSD o del daño moral, necesitamos empezar con una conversación honesta sobre nuestro sistema de creencias fundamentales.

---

1. ¿Creo que el cambio es posible?
2. ¿Quiero cambiar?

Estas son las Dos Gran Preguntas que nos tendremos que preguntar (y responder) de una manera brutalmente honesta antes de emprender en este camino.

Empecemos con la primera pregunta.

Necesitamos preguntarnos, "¿Es posible que pueda

recuperarme de mis síntomas del PTSD y recuperar mi vida?" Sabemos que eso es lo que queremos, pero esta es una pregunta completamente diferente. Debemos preguntar, "¿Creo que podrá ser posible para mí

Podemos desarrollar aún más este tema:

- ¿Es posible que llegaré a un punto dónde no estoy pensando en esto todos los días?

- ¿Será posible ya no tener pensamientos suicidas?

- ¿Es posible que fundamentalmente soy una buena persona, pero el PTSD me hace creer que no lo soy?

- ¿Es posible que aprenda a entenderme a mí mismo e incluso, quizás, perdonarme?

- ¿Podré creer que algo de esto sea posible?

Entiendo que estas preguntas no son fáciles de contestar. Tal vez estás gritando, *"pero, Virginia no entiendes lo que yo he hecho, dónde he estado, cómo ocurrió - no lo entiendes"*.

Tienes razón; no he estado en tus zapatos. Lo que te estoy pidiendo es que tengas una plática brutalmente honesta contigo mismo y que te preguntes, "¿Considero que el cambio sea posible para mí?"

La segunda pregunta es más difícil porque tenemos que preguntarnos y responder:

- ¿Quiero recuperarme del PTSD y, estoy dispuesto a hacer lo necesario para que suceda?

- ¿Lo deseo lo suficiente como para salir de mi zona de confort y hacer algo difícil y agotante porque eso es lo que requerirá para mejorar?

Al aceptar tomar un tratamiento para el PTSD conlleva un riesgo ya que un tratamiento exitoso requiere trabajar con otra persona – un/a profesional certificado/a quien dará el tratamiento – y aceptar ser sinceros con ellos. No niego que esto requiere de mucho esfuerzo y que hay miedo al exponer nuestras verdades ante otra persona; podemos sentir temor al ser juzgados o de volver a pasar por ese trauma.

El tratamiento para el PTSD afecta a nuestras vidas y nuestras relaciones con otras personas y con nosotros mismos. No todos estamos conformes con la posibilidad de habernos equivocado y podemos descubrir durante el tratamiento que hemos sido injustos con nosotros mismos o habíamos asumido algo que no era correcto. Tal vez necesitaremos arreglar esos temas y perdonarnos.

La razón por la cual hacemos las Dos Gran Preguntas es porque ningún/a terapeuta, ninguna investigación - nadie ni nada fuera de nosotros mismos – nos pueden convencer de que algo es cierto cuando nosotros creemos con certeza que no lo es.

Hay muchas razones por las cuales los militares van a terapia, incluso si responden *"no"* a las Dos Gran Preguntas. Tal vez se lo prometimos a nuestra pareja, o nuestra cadena de mando nos lo ordenó, o fue parte de nuestra libertad condicional. No todos los que sufren del PTSD o de daño moral creen que una mejoría sea posible y no todos quieren cambiar. *Y eso se acepta.* No voy a juzgar porque esa decisión - la entiendo.

Tal vez seas una pareja o amigo o un compañero que está leyendo este libro porque quieres ayudar a alguien a quién amas y al saber que tu ser querido/a no está recibiendo la ayuda necesaria, esa situación no se siente bien contigo.

Aquí está el tema: sí, entiendo, pero te recomiendo no luchar contra la manera de pensar de esa persona. Esto es difícil escuchar así que lo diré con cariño: *No tienes control sobre lo que otra persona cree.* No puedes hacer que esa otra persona cambie porque así no funciona la vida. Se que esto se siente injusto porque estás viendo cómo está afectando a tu ser querido/a– y a ti mismo – y sé que esto puede estar despedazando a tu familia y/o a la unidad militar.

El hecho es que la única persona que me puede cambiar soy yo mismo/a y la única persona que te puede cambiar a ti, eres tú.

¿Te estoy pidiendo que pierdas las esperanzas? ¡Claro que no! Te estoy pidiendo que reconozcas que **las**

personas reciben ayuda cuando están listas, no cuando los demás lo están. Y eso así es.

> *Muchos de nosotros estamos leyendo esto y estamos al borde de las Dos Gran Preguntas, eso también se entiende.*

Se entiende no sentirse al 100% bien de todo.

En su lugar, te preguntaré esto:

¿Es posible que seas más fuerte de lo que piensas?

En su lugar, te preguntaré esto: *¿Es posible que seas más fuerte de lo que piensas?*

El trauma deforma nuestro sistema fundamental de creencias – creencias sobre nosotros mismos, sobre otros y sobre el mundo – y es posible que nuestras dudas sobre nosotros mismos sean parte del PTSD.

¿Alguna vez has hecho algo que se te hizo difícil o imposible en ese momento? ¿Es posible que tu sistema de creencias pueda estar socavando tus intentos de hacer cambios? ¿Estarías dispuesto/a tratar y ver si eres más fuerte de lo que crees?

Por último, necesitamos tocar el tema del cual nadie quiere hablar:

> *Hay muchos de nosotros leyendo esto y que pensamos que no merecemos recuperarnos.*

Al aconsejar a cientos de militares, sé que esta creencia es muy común.

En el capítulo anterior, hablamos sobre el daño moral y recordaremos que el **daño moral es el daño al alma**. También recordaremos que debido a que muchas veces no podemos hablar sobre lo que pasó, **recurrimos a castigarnos nosotros mismos**.

A veces, este auto castigo viene de forma de no querer recibir el tratamiento que necesitamos para recuperar nuestras vidas. A veces nos decimos que no merecemos vivir por lo que hicimos o no hicimos. Podemos sentir un tipo de culpa por ser sobrevivientes o decirnos a nosotros mismos que no merecemos mejorar porque somos responsables por lo que ocurrió.

Entonces, te voy a preguntar esto: *¿Es posible que estés equivocado?*

Amigo/a, si crees que el tratamiento es simplemente "la manera fácil" de hacer las cosas, necesitas seguir leyendo y aprender más sobre los métodos de tratamiento basados en la evidencia científica.

El tratamiento del PTSD es la definición más profunda

de tomar la responsabilidad; requiere que veamos el ojo del huracán, tomemos completa responsabilidad de nuestras decisiones y enfrentamos nuestra realidad.

Es un Curso de Calificación para el alma.

La verdad te devolverá tu libertad – y quizás no de la manera que esperabas.

Entiendo el deseo de castigarnos a nosotros mismos, pero hay que asegurarnos que es por la razón correcta.

¿Es posible que no seas un criminal de guerra y solo seas un culero? ¿Es posible que tu compañero militar no quisiera que continues castigándote por lo que pasó? ¿Es posible que tengas efectos de segundo y tercer nivel por no recibir un tratamiento, los cuales no logras percibir?

No es la primera vez que hago esto, así que aquí tienes tu seria y profunda discusión sobre los hechos (CTJ - siglas en inglés): es probable que no estés viendo tus experiencias desde una perspectiva objetiva o en tercera persona. Si consideras que no mereces mejorar, está bien – pero te reto a que verifiques eso al buscar la verdad primero. Recibe un tratamiento y después puedes tomar una decisión informada. Si aun quieres seguir castigándote después, por lo menos sabrás la razón del "porqué".

Pero aquí está el detalle, amigo/a: si te has topado con un tema específico en este libro que te ha puesto a pensar o te ha causado sorpresa, es posible que estés equivocado/a sobre un chingo de otros temas también.

CAPÍTULO 4

Recuerda lo que tienes que perder si no buscas tratamiento.

Capítulo 5

Soluciones:

Tratamientos para el PTSD y el daño moral basados en evidencia que sí funcionan

Las opiniones son como los culos. Todos tienen uno y la mayoría apestan. Cuando se trata de un tratamiento para el PTSD, hay muchas opiniones y la mayoría utilizan las palabras "solo necesitas" para indicar que tan fácil será y dicen:

- *Solo* necesitas hacer más ejercicio
- *Solo* necesitas quitar el gluten de tu dieta
- *Solo* necesitas rezar

Antes de que me envíes un correo electrónico bastante agresivo, no te estoy diciendo que dejar de huevonear, eliminar carbohidratos y llevarte bien con Dios sea una mala idea. De hecho, no creo que nadie tenga malas intenciones cuando compartan su opinión o lo que les haya funcionado. Que bien por ellos (¡córranle con sus creencias! ¡córrele a buscar a su dios junto con tu pan libre de azucares!).

Cómo terapeuta médica e investigadora, yo solo confío en los tratamientos basados en evidencias científicas.

Los tratamientos basados en evidencias (EBTs) están basados en evidencia científica evaluada por colegas profesionales. Esto significa que los investigadores han conducido estudios rigurosos usando métodos científicos, han documentado su investigación en publicaciones revisado por otras colegas y, después otros investigadores han conducido estudios adicionales para ver si el tratamiento clínicamente es efectivo. El punto es que se invierte un chingo de tiempo e investigación en los EBTs y tenemos pruebas fidedignas de que si funcionan.

Al momento de escribir esto, hay tres EBTs aprobados actualmente por el Departamento de Veteranos (VA) en EE. UU para el tratamiento del PTSD:

- Terapia de Exposición Prolongada (PE)

- Terapia de Procesamiento Cognitivo (CPT)

- Desensibilización y Reprocesamiento por medio de movimientos oculares (EMDR)

I Entiendo que aparecen aquí muchas siglas (acrónimos), pero los datos son claros: los EBTs funcionan la mayoría del tiempo para la mayoría de las personas y logran esto con 6-12 sesiones.

Los EBT's están patrocinados por él VA en EE: UU y, por lo tanto, suelen estar más disponibles en las

Instalaciones de Tratamiento Militar (MTFs), clínicas del VA, además con terapeutas (en EE.UU) en sesiones privadas - así que te imploro que solicites estos EBTs por nombre y que seas insistente. No tiene sentido trabajar con un/a terapeuta que no tiene entrenamiento específico en el tratamiento del PTSD, será una pérdida de tiempo y conlleva a más frustración.

Los investigadores saben que hay un cierto porcentaje de personas de las cuales su caso de PTSD no responderá a estos EBTs. Eso no significa que no tengan ayuda alguna (¡relájate!), simplemente significa que necesitamos enfrentarlo por otro medio. Hay mucho dinero invertido en las investigaciones del PTSD y existen muchos estudios clínicos y soluciones que investigar. Al momento de escribir esto, a continuación, están algunos de los tratamientos que se están usando para personas resistentes a otros tratamientos del PTSD:

- El bloqueo del ganglio estrellado (a veces llamado "*El Tiro de Dios*")

- Ketamina

- Marijuana

- Alucinógenos como MDMA

- Terapia de parejas

- Varios tratamientos que ayudan con el PTSD y otros desordenes recurrentes como la depresión, abuso del alcohol, furia, ansiedad, y lesión cerebral traumática (TBI)

Esta lista no es exhaustiva, los investigadores siguen aprendiendo más y más cada día. Y los que yo conozco tienen un gran aprecio por las tropas de nuestro país. Para ver más alternativas, hablé con un experto en PTSD y así, poder mantenerme al tanto sobre las investigaciones por medio de proyectos importantes como el STRONG STAR.

Por ahora, voy a suponer que no te has tratado con ningún tipo de EBT. Como la mayoría de los EBTs funcionan para la mayoría de las personas, voy a explicarte cada uno de los tratamientos para ayudarte a tomar una decisión informada. La terapia no es fácil, pero tampoco dura para siempre..

Terapia de Exposición Prolongada (PE)

La terapia de PE toma entre 8 a 15 sesiones con un/a terapeuta; cada sesión es de 90 minutos. La terapia de PE va directo a la vena yugular del Criterio C del PTSD: el evitamiento. En vez de evitar nuestro trauma, intencionalmente te invitamos al evento más traumático en la sesión usando una técnica llamada "exposición imaginaria". Después de aprender técnicas de respiración para manejar la ansiedad, nos imaginamos y describimos el evento traumático en detalle guiados por el/la terapeuta. Después de la exposición imaginaria, procesamos la experiencia con nuestro/a terapeuta. Hacemos una grabación de audio de la sesión mientras describimos el evento para poder escuchar la grabación entre sesiones; esto nos ayuda a procesar nuestras emociones y practicar técnicas de respiración. Piensa sobre la exposición imaginaria de esta manera:

Será como ver una película de terror.

Cuando vemos una película de terror por primera vez, nos saca el alma del cuerpo porque eso es lo que hacen las películas de terror. ¿Qué tal si miramos la película de terror tres veces seguidas? Va a seguirte dando miedo, pero después de la tercera vez, ya sabemos lo que se aproxima y cuando y - ya no está tan mal como la primera vez. ¿Qué tal si vemos la película de terror 10 veces? ¿veinte veces? ¿cien veces? Eventualmente, mirar la película no nos afecta tanto porque la hemos visto y sabemos que va a ocurrir. A esto se le llama adaptación. En la terapia de la PE, estaremos viendo nuestra propia película de terror cientos de veces – en sesión con nuestro/a terapeuta y, entre sesiones, mientras escuchamos nuestras grabaciones.

La segunda parte de la terapia de PE se llama *exposición en vivo*, un término elegante que significa "en la vida real". Con nuestro/a terapeuta, creamos una lista de estímulos y situaciones conectadas a nuestro trauma, como lugares o personas específicas y creamos un plan que intencionalmente nos expone a esos estímulos de una manera que es gradual y segura.

Me doy cuenta de que, para la mayoría de nosotros, el solo pensar en contar nuestra experiencia en voz alta puede provocar ansiedad. Es difícil, sobre todo al comienzo, pero sin ninguna duda, la terapia de PE es efectiva. También puede ser adaptada a un tratamiento para el daño moral, el cual comentaremos más adelante en este capítulo.

La terapia de PE no es para todos, pero eso no representa un problema porque hay tres tipos de EBTs, no solo uno.

Así que aquí está el segundo:

Terapia de Procesamiento Cognitivo (CPT)

La CPT típicamente toma 12 sesiones con un/a terapeuta; cada sesión es de 60 minutos. La CPT se puede llevar a cabo individualmente o en sesiones de grupo y se necesita utilizar un cuaderno de ejercicios para las tareas escritas.

Cognitivo significa que prestamos atención a nuestros pensamientos y *pensamos a fondo sobre lo que estamos realmente pensando.*

La CPT reconoce que el trauma jode nuestro sistema fundamental de creencias –con respecto a nosotros mismos, sobre otros y sobre el mundo – y esas creencias jodidas afectan nuestro caminar, hablar y, el día a día.

En la CPT, aprendemos la relación entre los pensamientos y las emociones y después, aprendemos a identificar los pensamientos que automáticamente causan nuestros síntomas del PTSD.

Escribimos una "declaración de impacto" que detalla nuestro entendimiento sobre porque ocurrió el evento traumático y que impacto ha tenido en nuestro sistema de creencias. Después, usamos los ejercicios del cuaderno para identificar y tomar acción sobre los patrones de pensamientos que no nos ayudan con los sentimientos de seguridad, confianza, poder, control, aprecio, e intimidad. Nuestro/a terapeuta nos hará preguntas y trabajará con nosotros para reconocer esos patrones de pensamientos que no ayudan y así, reubicar nuestros pensamientos, reducir nuestros síntomas y lograr un mejor entendimiento de nosotros mismos y nuestras relaciones.

La TPC nos obliga a salir del "piloto automático" y a retar nuestros patrones de pensamientos.

Muchas veces estos son pensamientos a los que nos hemos atado por mucho tiempo. El último EBT es:

La Desensibilización y Reprocesamiento de Movimientos Oculares (EMDR)

Les comparto una divulgación: reconozco que mi conocimiento sobre el EMDR no es demasiado amplio; es el único EBT que, por lo general, no lo practico debido a que no he tenido acceso a todas las capacitaciones requeridas. Pero los datos son claros y muestran que sí funciona.

Esta descripción es, en gran parte, gracias a las amables personas del Instituto EMDR, el cual se puede encontrar en línea en www.emdr.com. Les invito a que busquen allí a un/a terapeuta que practique el EMDR para que les pueda dar una descripción mejor de la que yo les pudiera dar.

El EMDR es un tratamiento de ocho fases. Los movimientos oculares se usan durante una parte de la sesión. Una vez que el/la terapeuta haya determinado en cual memoria enfocarse primero, nos pedirán que tengamos en mente diferentes aspectos del evento y que usemos nuestros ojos para rastrear la mano del terapeuta mientras se mueve de un lado a otro. Mientras esto sucede, comenzamos a procesar la memoria traumática.

No te estreses sobre cual EBT escoger; si tratamos uno y no funciona, tenemos dos más de respaldo. Si tratamos con los tres y no funcionan, tal vez estamos viendo un caso de PTSD resistente al tratamiento y tendremos que trabajar con un profesional en tratamiento terapéutico para explorar otra alternativa.

O, si tratamos los tres EBTs y no funcionan, es posible que tengamos que trabajar en el trastorno concurrente. Esto es cuando nos diagnostican con dos condiciones o más que están ocurriendo al mismo tiempo. Esto es bastante común en algunos casos del PTSD. Por ejemplo, podemos tener PTSD y además un problema de abuso de sustancias o alcohol al mismo tiempo, o el PTSD y la depresión. Los trastornos concurrentes más comunes que noto en los militares con PTSD son: la ansiedad, depresión, abuso de drogas/alcohol, desorden alimenticio, y trastorno obsesivo compulsivo (OCD) al igual que muchos casos de daño moral, aunque ese no es un diagnóstico que encontraremos en el DSM-V.

Cuando el PTSD se presenta con un trastorno de abuso de drogas o alcohol, comúnmente se le llama "diagnostico dual."

Se que la idea de recibir tratamiento para el PTSD y tener que dedicarle trabajo es frustrante. Requerir de más trabajo para hacerlo no significa que fallamos; solo significa que aún tenemos que enfrentar más trabajo para lograrlo y eso, simplemente, es necesario.

No seas tan duro contigo mismo; Roma no se construyó en un solo día.

Tratando el Daño Moral

Para tratar el daño moral, necesitamos procesar el trauma y su significado. El daño moral se presenta con una angustia espiritual profunda y debemos adentrarnos en nuestros sentimientos para lograr un entendimiento de quienes somos después de esa experiencia y lo que significa.

Nuestras metas para el tratamiento son reducir la vergüenza, modificar los pensamientos intensos y volver a un estado donde podemos ver lo bueno en el mundo – y lo bueno en nosotros mismos. Afortunadamente, existen muchas formas de lograr esto y las investigaciones científicas continúan buscando tratamientos efectivos.

Los tratamientos suelen sentirse espirituales por naturaleza, lo cual te puede causar un tanto de intranquilidad.

Pregúntate si crees que el cambio sea posible y si, en verdad, quieres cambiar, porque esto va a requerir de un esfuerzo total, sin chingaderas, honesto y totalmente enfocado a sanar el alma.

<u>Sí</u>, realmente vale la pena.

En mis sesiones uso algo llamado *Divulgación Adaptiva,* la cual es una sesión agregada a la Terapia de Exposición prolongada. Con el riesgo de sonar un poco desquiciada, esta última sesión se trata de llevar a cabo un dialogo imaginario con un amigo que haya fallecido o con una autoridad moral que tenga compasión. Discutiremos el significado de este evento y otros temas espirituales. Se que suena un tanto raro, por eso podrás acceder a todos los recursos por medio de los hipervínculos que incluí en este libro para que puedas revisar más información de parte de los expertos en este tema. Basta decir que, después de esta sesión, mis pacientes, de manera muy positiva, nunca vuelven a ser los mismos de antes. Es una experiencia intensa para ellos, y para mí también. Para mí, es una experiencia profundamente conmovedora y positiva.

Muchos de los servicios para veteranos (VA) ofrecen Terapias de Aceptación y Compromiso (ACT), intervenciones religiosas, y terapia en grupos para ayudar con el tema del daño moral.

Habla con tu terapeuta sobre lo que es el Daño Moral y trabajen juntos para crear un plan de tratamiento.

Pero primero:

Habla con tu terapeuta sobre la confidencialidad

Ya que una de las categorías del daño moral es la perpetración, hay que hablar con un/a terapeuta sobre los crímenes de guerra.

Yo creo que los crímenes de guerra son mucho más comunes de lo que pensamos y que deberíamos empezar a hablar de ellos, pero hay que procurar el momento indicado, un lugar correcto, y la persona indicada.

No todos los terapeutas están preparados para escuchar "tu verdad"

Nidal Hassan, además de ser un comandante del ejército norteamericano, era un psiquiatra que escuchaba a los soldados hablar sobre los crímenes de guerra y de sus despliegues a Irak o Afganistán. Lo reportaba, en noviembre del 2009, a la cadena de mando del ejército y al Juez Abogado General (JAG). Trece días después, él se convirtió en el tirador de Ft. Hood.

No estoy sugiriendo que tu terapeuta va a ir a hacer una pendejada, pero he escuchado algunas anécdotas que me han hecho detenerme y pensar, sobre todo cuando se trata de hablar de crímenes de guerra con un/a terapeuta o en una terapia de grupo.

Para los militares en servicio activo, nuestros terapeutas individuales suelen ser oficiales del ejército. Esto no los hace malos terapeutas y no significa que no puedan ayudar con el tema del daño moral – claro que si pueden – pero le advertiría primero a cualquier militar usar cautela antes de hablar con un oficial del ejército sobre un *posible evento enjuiciable*. Podemos ir a la cárcel por crímenes de guerra.

Te oigo decir, "Pero, Virginia, ¡todo lo que digo en mis sesiones se supone que es confidencial"!

¡Ya es hora de que tienes que madurar y entender! No existe la privacidad en las fuerzas armadas y el HIPAA (Acta de Responsabilidad y Privacidad de Información de Salud) es una farsa.

Antes de hablar con un/a terapeuta sobre crímenes de guerra, debemos de aclarar los límites de la confidencialidad con ellos. Hay que preguntar quien tendrá acceso a las notas de nuestras sesiones, lo que ese/a terapeuta tiene que reportar a nuestro comando o a nuestro seguro médico, y el nivel de detalle en los apuntes escritos por nuestro/a terapeuta en sus archivos médicos. Además, recomiendo pedir una copia de tus archivos médicos para que los puedas revisar. Tu terapeuta deberá ser transparente contigo. Si no lo es, es hora de buscar a otro/a terapeuta.

STRONG STAR, el acrónimo extremadamente largo de los "Estudios de Orientación de la Red Organizadora de Investigación del Sur del Estado de Texas Sobre Traumas y Resiliencia", un consorcio multidisciplinario de investigaciones sobre el PTSD fundado en parte por el Departamento de la Defensa (DOD). Lo recomiendo como un sitio excelente para buscar ayuda porque su compromiso con la confidencialidad es ejemplar. Sus investigaciones están encabezadas en esta área de estudios por los mejores investigadores del PTSD y frecuentemente solicitan participantes para sus investigaciones en San Antonio, Texas y otros lugares de los Estados Unidos. Visite su página: www.strongstar.org y presione el botón rojo que dice "*get treatment*" (obtenga tratamiento) al lado derecho de la pantalla.

Comentarios Sobre los Grupos de Apoyo y Terapia en Grupo

Cuando se habla sobre crímenes de guerra en los grupos de apoyo, recomiendo que lo piensen muy bien – **y después decidan si quieren hacerlo o no hacerlo.** Los grupos de apoyo muchas veces son liderados por personas que no están capacitadas para hacerlo, en lugar de ser liderados por un/a terapeuta certificado/a, y los lideres pueden no estar preparados para manejar una divulgación.

Una vez trabajé en un hospital que tenía una sesión a la semana donde se compartía de todo-con-todo y le llamaban "la sala de guerra" donde los militares podían compartir sus experiencias de guerra. En una ocasión, un militar en activo compartió sus experiencias con crímenes de guerra y otro miembro del grupo lo amenazó con contarle a su cadena de mando. Eso causó un desmadre en la reunión. Para mi conocimiento, nunca se cumplió la amenaza, pero se desmoronó la confianza en el grupo y en ese programa.

Soy una GRAN defensora de las terapias en grupo y siento personalmente que es la mejor manera disponible para la psicoterapia. Antes de compartir "tu verdad" (o una verdad), te invito a (1) asegurarte que tu grupo esté liderado por alguien experimentado, preferiblemente un/a psicoterapeuta certificado/a en grupos, y (2) hablar sobre la confidencialidad con tu grupo de terapia antes de compartir cualquier evento que puede ser enjuiciable.

El punto es que no podemos garantizar la confidencialidad en grupos porque otros miembros no son profesionales en salud mental y no están obligados a seguir las reglas de ética para mantener su certificación. Desafortunadamente, esto causa que al compartir una verdad en grupos puede representar un riesgo muy serio y hay que tomarlo en consideración.

Acuerdo de no Divulgación (NDA) e Información Clasificada

Muchas veces, creemos que no podemos recibir tratamiento para el PTSD o el daño moral, debido a que firmamos un NDA y/o los detalles de nuestra misión fueron clasificados. Esto no significa que no podemos procesar nuestro trauma en un ambiente terapéutico. La clave es hablar sobre esto con nuestro/a terapeuta, informándoles que tenemos prohibido compartir detalles de nuestras experiencias. Después, buscamos otras maneras de como hablar sobre esos temas prohibidos con nuestro/a terapeuta.

No estoy sugiriendo que nuestro/a terapeuta necesita haber estado en áreas de inteligencia o seguridad (aunque eso ayudaría), pero no se requiere de mucha ciencia para saber lo que sí está - o no está - clasificado en esas áreas.

Fechas, lugares, nombres de unidades, blancos, rutas, y objetivos son los clasificados. No necesitamos compartir esa información para procesar nuestra experiencia; no estamos escribiendo un reporte de situación (SITREP).

Podemos trabajar con nuestro/a terapeuta para encontrar maneras de sacarle la vuelta a esos detalles y así cumplir con la responsabilidad requerida. En mis sesiones, les recomiendo a mis pacientes a "despegarse" si percibo que empiezan a profundizar con demasiados detalles durante la sesión y me esfuerzo para mantenernos siempre en el área de lo que no está clasificado.

Si aún estamos en servicio activo y formamos parte de una comunidad especial, recomiendo hablar con alguien en tu cadena de mando en quien confíes; es probable que haya un programa para ayudarte con este escenario específico. Cada vez más, estos tipos de unidades han incorporado especialistas en salud conductual. Muy seguido pueden ser oficiales del ejército, pero forman parte de tu unidad por una razón concreta y necesaria (por ejemplo, si tus problemas de salud mental no te permiten acompañar a tu equipo en su siguiente misión, eso los afectará). Habla con ellos sobre la confiabilidad y preocupaciones sobre la clasificación; es probable que tengan experiencia con ese tipo de situaciones.

Capítulo 6

Honestidad sobre el suicidio o un intento

> **Ubicuo**
> **Adjetivo: – está presente, aparece o se encuentra en todas partes. - dictionary.com.**

El suicidio es ubicuo en el ejército. Es probable que todos los militares que están leyendo esto hayan perdido más amigos por suicidio que por el combate y es muy probable que conocimos a alguien que se haya suicidado. Necesitamos dejar de aparentar que esto no existe y, preferiblemente, tener una conversación brutalmente honesta sobre el suicidio.

Se que este capítulo puede ser incomodo, sobre todo si tú nunca has tenido pensamientos suicidas. Tal vez piensas que, al hablar del suicidio, esto lleva a cometerlo o a glorificarlo, pero no es así.

Quienes atienden las llamadas de auxilio sobre el suicidio pueden relatar historias terribles. Saben que el suicidio muy pocas veces termina de la manera que las personas quisieran, especialmente cuando se considera que la mayoría podrían estar drogados o borrachos cuando lo intentan. Es una manera violenta y culera de morir y todos los que tienen pensamientos suicidas lo saben. Nosotros lo *sabemos* y aun así lo pensamos.

Hablaré sobre el suicidio de una manera que reconoce que muchos de nosotros con PTSD hemos tratado de cometer suicidio o lo hemos considerado seriamente, incluyéndome a mí misma. Es incómodo, pero si lo que está en riesgo es tu vida, no me disculparé por lo que voy a decir. Abróchense los cinturones.

Regresemos a ese continuum de sentimientos:

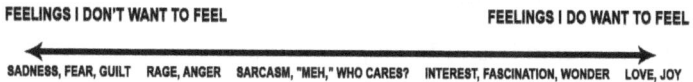

FEELINGS I DON'T WANT TO FEEL		FEELINGS I DO WANT TO FEEL

SADNESS, FEAR, GUILT   RAGE, ANGER   SARCASM, "MEH," WHO CARES?   INTEREST, FASCINATION, WONDER   LOVE, JOY

Recordemos que los cosas en este continuum de sentimientos disminuyen de ambos lados de igual manera. Cuando evitamos esos sentimientos culeros del lado izquierdo, no logramos sentir esos sentimientos buenos que queremos del lado derecho. Terminamos sintiéndonos en medio: entumecidos.

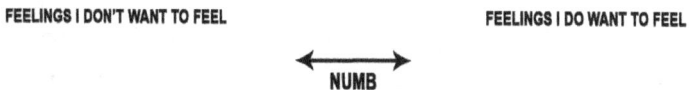

FEELINGS I DON'T WANT TO FEEL	FEELINGS I DO WANT TO FEEL

NUMB

Luego tenemos una idea: puedo acabar con todo esto si me suicido. Y de repente, logramos *sentir algo* – y eso es un golpe para nosotros porque no habíamos sentido nada, absolutamente nada, durante mucho tiempo. Se siente *bien* – no porque la idea de matarnos no sea aterradora, pero porque *sentimos algo* de nuevo.

Con el suicidio, puede ser que no tengamos la respuesta correcta, pero tenemos algo nuevo. Eso nos puede levantar el ánimo. Nuestra pareja nos puede comentar que nos vemos diferente o un colega puede decir, "que bien verte sonreír", y solo nosotros sabemos por qué. Toda esta validación externa se siente bien y comenzamos a pensar que el suicidio, a fin de cuentas, no es tan mala idea.

Cuando hablo con militares y sus seres queridos después de un suicidio, muy seguido escucho las mismas frases una y otra vez:

- Se veían bastante mejor últimamente

- Los vi sonriendo y participando en actividades

- Pensamos que lo peor ya había pasado

El suicidio los sorprendió porque solo vieron lo que estaba por fuera.

A veces pensamos sobre el suicidio como un mecanismo de defensa o una estrategia que usamos para manejar el estrés cuando lo enfrentamos. Podemos escribir una carta de despedida o fantasear sobre quienes estarán presentes en nuestro funeral, o imaginar las maneras en que nuestras familias y amigos estarán "mejor" ya que no estemos aquí.

Aquí está el asunto: como con otros mecanismos defensa, esto suele *funcionar*. Pensar en el suicidio puede hacernos sentir mejor y reforzar esa idea de que el suicidio es una buena idea, aun cuando sabemos que no lo es. Nos podemos estar diciendo, "en verdad no lo voy a hacer, solo pienso en la posibilidad". Fantaseamos más y más hasta el punto en que estamos pensando en el suicidio todo el tiempo. Inevitablemente, el estrés que experimentamos sobrepasa nuestra capacidad para manejarlo y empezamos a buscar soluciones – cualquier solución.

"Todo sucedió tan rápido" es la frase más frecuente que se escucha de parte de los militares después de un intento de suicidio. Probablemente estábamos bajo los efectos del alcohol o drogas y padeciendo del PTSD y, **literalmente,** perdemos la cabeza. Y todo pasa muy rápido:

- Antes de que me diera cuenta, tenía la pistola en mi boca

- Antes de darme cuenta, ya estaba atando la soga

- Antes de que me hubiera percatado, las pastillas habían desaparecido

Necesitamos ser honestos: la fantasía se puede volver en acción con una rapidez aterradora. Nos podemos estar diciéndonos que nunca nos suicidaríamos, pero es difícil bajarse de un vehículo en movimiento cuando nos sentimos agobiados.

Esto es lo que quiero que sepas:

Cuando estamos afrontando pensamientos suicidas como un mecanismo de defensa, estamos más cerca de lo que pensamos de la gota que derrama el vaso. Es hora de recibir ayuda

La publicación *Suicidio: La Decisión para Siempre* por Paul G. Quinnett es un recurso invaluable si estás pensando en el suicidio de alguna manera. Está disponible gratuitamente en Kindle en formato de PDF. También están para apoyarte en EE: UU las líneas telefónicas de Crisis Militar y la Línea Nacional de Prevención del Suicidio (1-800-273- 8255). Solo requieren de una llamada. También está la Línea de Crisis para los Veteranos que ofrece ayuda confidencial por medio de un chat en www.veteranscrisisline.net/get-help/chat y por texto al 838255.

No eres el único militar que ha pensado en el suicidio o ha hecho algún intento al enfrentarse al PTSD. Esto es difícil, sin chingaderas, pero como dice el Dr. Quinnett, el suicidio es una decisión para siempre.

En el capítulo 2, aprendimos que nuestros síntomas del PTSD fundamentalmente pueden cambiar nuestra mente y sistema de creencias. Dicho esto, es muy probable que no estamos viendo las cosas como son, estamos viendo todo *a través del PTSD*.

En otras palabras, es posible que estemos equivocados. Así es - y lo reitero. Puedes estar equivocado, amigo/a. Muy equivocado/a.

Nos podríamos habernos convencido de que todos estarán mejor si nos matamos y, tal vez, resulte que estamos equivocados y nuestra muerte resultará ser un desmadre. Podremos pensar que ya no se nos puede ayudar de ninguna manera, y, probablemente, estamos equivocados porque no sabemos ¡lo que no sabemos!

Se que estás cansado/a; el PTSD es agotador. Pero…

Puede ser que tengas más valor y determinación de la que crees.

Tal vez tu sanación te hará más fuerte; puede hacer más fuerte a tu familia. Tal vez – *tal vez* - estás leyendo esto por una razón.

El suicidio no siempre es meterte una pistola dentro de la boca. El comportamiento peligroso: 'suicidio' por la policía, uso excesivo del alcohol o las drogas, ofrecerse para asignaciones de alto riesgo – en cada misión, cada convoy, cada despliegue. Quizá no necesitamos o debemos hacer más de eso. El cambio si es posible; quizá aún es tiempo.

Capítulo 7

¿Cómo encuentro a un experto que me ayude?

Now Ya que entendemos lo que es el PTSD y los tratamientos basados en la evidencia científica que nos pueden ayudar, necesitamos encontrar a alguien que nos ayude a crear y ejecutar un plan de acción.

Entiendo que a muchos de nosotros no nos agrada la idea de ir a terapia (los términos "terapia" y "orientación psicológica" son intercambiables). Podremos tener la idea que tendremos que recostarnos en un sillón y hablar sobre nuestros problemas con nuestra mamá, o quizá pensamos que la terapia es solo para personas locas. Obviamente, preferimos hacer lo que se pueda por nuestra propia cuenta que buscar a un/a terapeuta. Lo entiendo, pero no es recomendable hacer esto uno solo/a, es importante acudir con una profesional de salud mental. Es invaluable recibir retroalimentación de parte de alguien que puede proveer una perspectiva objetiva, en tercera persona, quien estará al 100% de nuestro lado y sinceramente quiere lo mejor para nosotros. Además, nuestro/a terapeuta no es nuestro/a amigo/a.

Esto es algo bueno, que hay que entender, porque un/a

terapeuta nos puede decir lo que *necesitamos* escuchar en lugar de lo que *queremos* escuchar.

Nuestro/a terapeuta no siempre estará de acuerdo con nosotros y podrá retar nuestro conocimiento o señalará nuestras platicas negativas sobre nosotros mismos y nos hará preguntas difíciles.

La palabra "terapeuta" es un término genérico para alguien que conduce terapias con pacientes. Muchos profesionales de la salud mental forman parte de esta categoría. Si es posible, te recomiendo encontrar un/a terapeuta profesional con capacitación especializada en tratar a pacientes con PTSD; un/a especialista que no es un internista general.

Cuando alguien sufre de cáncer, no recurren con su doctor principal para recibir un tratamiento; van con un oncólogo: un médico que se especializa en cáncer. Cuando nuestra vida está en juego, queremos el mejor tratamiento posible. Esto es lo mismo para la salud mental: los terapeutas suelen especializarse en métodos específicos de tratamiento o en tipos de pacientes específicos. Por ejemplo, yo me enfoco en el PTSD relacionado al combate y al daño moral, todo en conjunto. Puedo atender otros temas, pero no reflejan mi especialidad y lo que mejor puedo hacer es con respecto al tratamiento del PTSD. Tengo colegas increíbles que se especializan en los desórdenes alimenticios, o en temas de adolescentes, depresión, ansiedad, y todo tipo de problemas de salud mental. Si llegas a mi oficina con una experiencia que pudiera ser mejor atendida por uno de mis colegas en ese tema, te referiré con uno de ellos. Encontrar a un/a terapeuta que se especializa en el PTSD y que tiene capacitación en el tratamiento basado en la evidencia científica es algo muy recomendable, pero no siempre es fácil. Para encontrar un especialista en PTSD, podemos recurrir al Military One Source en EE. UU, o buscar proveedores en la página de nuestro seguro de salud, o usar el programa de apoyo para los empleados de nuestra empresa (EAP). También podemos encontrar terapeutas capacitados/as en tratamientos basados en evidencia científica en el internet con su código postal (por ejemplo, "Terapeuta EMDR Tampa 33607").

Una vez que encontremos a un/a terapeuta, podemos llamar y solicitar una consulta. Ten en cuenta que podemos llamar y dejarles un mensaje a varios, pero solo algunos nos regresarán la llamada (algunos/as de esos terapeutas pueden ser cabrones).

Durante la consulta por teléfono:

- Brevemente explica por qué estás buscando terapia

- Pregunta que experiencia tienen tratando a pacientes con PTSD

- Pregunta si tienen capacitación en tratamientos basados en evidencia científica para el PTSD/Daño Moral

Esto se puede escuchar así, por ejemplo: "Estuve en el ejército y pasé por situaciones muy malas durante un despliegue a Afganistán. ¿Qué experiencia tiene ayudando a militares como yo? ¿Qué tipo de tratamiento usa para el PTSD?"

Si el/la terapeuta no tiene capacitación en el tratamiento para el PTSD basado en evidencia científica, pregúntale si puede recomendar a alguien que si lo tenga.

Después, se programará la primera cita. Es normal sentirse nervioso; en esta primera sesión conoceremos al terapeuta y estamos tratando de determinar si es una relación que funcionará.

También puede ser que no sea así. No todos los terapeutas son compatibles con todos los pacientes. Por ejemplo, sé que no soy la terapeuta indicada para algunos pacientes; mi personalidad puede ser demasiada directa y mis palabras un tanto incómodas. Eso puede funcionar bien con unos pacientes y claramente, no funciona con otros. En fin, la relación entre un paciente y su terapeuta es obviamente más importante que mi propio ego. Necesitamos sentir confianza con nuestro/a terapeuta porque tenemos que ser sinceros con él o ella para poder recuperarnos.

Algunos terapeutas, tristemente, son poco profesionales o incluso no hacen bien su trabajo. En lo personal, no trato de ser una persona incorrecta, pero si digo las cosas como son. Si no logras establecer una conexión con tu terapeuta, no necesariamente eres tú la persona con el problema. Sigue buscando, – hay muy buenos consejos en línea sobre la mejor manera de escoger a un/a terapeuta.

Tener a un/a terapeuta en el/la cual podemos confiar es un logro importante para nuestra red personal de apoyo social y es vital para nuestra recuperación.

Capítulo 8

Apoyo Social:

La clave para un cambio duradero

"El Apoyo Social." Esto es lo que los profesionales de la salud mental llaman "amigos" y los investigadores han mostrado una y otra vez la importancia del apoyo social en el tratamiento del PTSD. Nuestro/a terapeuta es parte de nuestro equipo de apoyo y necesitamos levantarnos sobre esa base. Hacer amigos nuevos no siempre es fácil (sobre todo los hombres) y además padeces del PTSD. Así que hablemos de eso.

Cuando éramos niños, era fácil hacer amigos. De niños, hicimos amigos en la escuela o en nuestro vecindario, y en las fuerzas armadas contamos con nuestra unidad. Hacer amigos se hace más y más difícil entre más viejos nos hacemos. Entiendo que para los hombres es difícil acercarse a otro hombre y preguntarle, "¿quieres pasar un rato platicando?" Las mujeres son diferentes en eso, pero también tendemos a aislarnos frente al PTSD.

Incluso cuando sabemos que hacer amigos y crear conexiones nos ayuda a recuperarnos del PTSD, es una idea que nos causa ansiedad. Algunas personas son extrovertidas por naturaleza (que bien por ellos), pero para las demás personas les preocupa intentar hacer amigos nuevos, especialmente si el PTSD les ha envenenado algunas relaciones anteriores. Es normal preocuparse de eso.

"¿Qué tal si las amistades nuevas se enteran de mi tema con el PTSD y se asustan?

¿Qué tal si tengo una crisis nerviosa, o si lastimo a alguien accidentalmente?

¿Quizá será mejor si protejo al mundo al mantenerme aislado porque las demás personas tienen sus propios problemas y no necesitan los míos?"

Te escucho, amigo/a, y quiero que pongas este tema en perspectiva. Tratar de hacer amigos es un riesgo bastante grande. Podemos ser rechazados, otros nos pueden juzgar, o pueden ser culeros, o simplemente no somos buenos para hacer amigos – pero también sabemos que el apoyo social es un factor determinante en nuestra recuperación del PTSD. En otras palabras, para mejorarnos, este es un riesgo que *debemos* tomar.

¿Por qué es importante? Hay que regresar a las dos Gran Preguntas.

(1) ¿Creemos que esto sea posible? ¿Creemos que sea posible salir de nuestra zona de confort, salir del Criterio C del evitamiento y conectar con otra persona, ya sea en persona o virtualmente? ¿Es posible que haya otra persona en el mundo que no se sienta así de mal? ¿Es

posible que podemos usar esta herramienta fuerte – y comprobada – del apoyo social para combatir nuestros síntomas del PTSD? ¿Es posible que merecemos ser amados y cuidados por otras personas? Se que esta última duda es difícil con esos pensamientos negativos del Criterio C que están dando vueltas por nuestra cabeza. ¿Solo estoy preguntando si es *posible*?

La confianza es difícil, sobre todo si en nuestro pasado, hemos tratado de conectar con alguien para recibir apoyo y nos jodieron.

Ahora a la pregunta (2) "¿queremos cambiar?" pero cambiando poco a poco. La segunda pregunta no será "¿queremos hacer nuevos amigos?" porque ya sabemos la respuesta: ¡NO! Con el PTSD, solo *queremos* evitar a otras personas. Este es el Criterio C: el evitamiento. Es como preguntar "¿queremos ir a terapia?" Obvio que NO. Entonces, necesitamos ver la perspectiva amplia de la pregunta 2. ¿Queremos hacer el esfuerzo que se requerirá para recuperarse del PTSD? ¿Queremos disminuir nuestros síntomas? ¿Queremos que las personas que amamos *sepan* que las amamos? ¿Queremos crear y posiblemente reconstruir nuestras relaciones?

Es normal sentirse indeciso sobre todo esto. Ir a terapia y crear conexiones no es fácil cuando sufrimos del PTSD, pero necesitamos hacerlo si en verdad queremos recuperar nuestras vidas.

Hablemos ahora sobre cómo se puede lograr eso.

Diferentes Tipos de Amigos

Cuando pensamos en amigos, solemos ponerlos en dos categorías: (1) los de por vida, saben todo de mí, amigos por los que daría la vida, y (2) los conocidos que veo, tal vez trabajo con ellos, y eso es todo.

Con el propósito de hacer nuevos amigos, quiero presentar un nuevo tipo de relación a esta plática:

El Amigo de En Medio:
N oes un amigo de por vida y tampoco es ese tipo raro de la oficina, si no alguien entre los dos.

Como adultos, la manera en que creamos un apoyo social es al hacer amigos de "en medio". Amigos de en medio comienzan justo como nosotros; son otras personas que también están en busca de apoyo social. No todas las amistades en medio se convertirán en amistades de por vida, de hecho, la mayoría no lo harán - pero algunos de ellos sí lo harán. Es la ley del promedio: entre más amigos hacemos en medio, más son las probabilidades que una o dos de esas amistades se conviertan en unas de por vida.

Recomiendo que este sea nuestro plan de acción para construir un apoyo social. Hay poca presión al hacer amistades de en medio porque la manera en que las encontramos es al visitar *intencionalmente* lugares dónde hay otras personas que también están tratando de hacer amistades de en medio. Vamos con la intención de conectar con otras personas que piensan de manera parecida a nosotros, y con el paso del tiempo, es probable que *conectemos con ellos regularmente*.

Primero lo primero: ¿Cuáles son los lugares o eventos dónde las personas se juntan porque quieren conectarse?

Estos son grupos más pequeños (tal vez 5-10 personas) en los cuales es muy probable que nuestra presencia se note y que hablemos allí con otros participantes porque sería difícil no hacerlo en un grupo reducido. Todos asisten al grupo porque tienen la intención de conocer a otras personas que comparten los mismos valores e intereses. **Estos son lugares en los cuales los *individuos* se juntan, no en pareja o como grupos de amigos**.

Claro, la primera vez que visitemos el grupo resaltaremos al ser la persona nueva, pero todos ahí habrán tenido la misma experiencia en algún momento. Es principalmente el deber de ellos interactuar contigo porque ellos también recordarán que tan incómodo fue su primera vez al acudir al grupo.

También, conviene buscar grupos dónde hay una **actividad planeada**. Eso elimina la ansiedad que causan las primeras pláticas espontáneas y el deseo de tomar o usar algo para sentirse más cómodo. No tenemos que hablar sobre nosotros mismos porque podemos hablar sobre la actividad del evento y, al enfocarnos en esa actividad, nos evita pensar en el PTSD. Hay poca presión. Aquí hay una lista detallada de ideas para encontrar grupos pequeños:

- **Meetup.** *Meetup* es un servicio usado para organizar grupos en línea que llevan a cabo eventos en persona para gente con los mismos intereses y tiene más de 35 millones de miembros. Su lema es "somos lo que hacemos" y los grupos están basados en diversas actividades. Podemos buscar grupos en la región donde vivimos, con la comodidad y el anonimato del internet en www.meetup.com.

  Los grupos de lectura, de senderismo, amantes de la música, grupos de personas que visitan museos, y prácticamente todo lo que te pueda interesar. El propósito del sitio es que las personas se conozcan y pasen un rato juntos compartiendo una actividad. Les comparto un dato interesante: encontré un grupo de *Meetup* en Paris sobre el tema de la fotografía hace unos años, incluso el grupo cuenta con una aplicación para celulares

- **Grupos cívicos.** Estas son organizaciones que promueven intereses cívicos o sociales y comúnmente son apoyados por un grupo de socios. Algunos ejemplos son Rotary International, Shriners, Toastmasters, grupos de veteranos como la American Legion o el VFW. Suelen ser grupos en que la mayoría de ellos apoyan proyectos de servicio social, invitan a personalidades a dar discursos, y organizan eventos para obtener un mayor número de contactos y apoyo.

Organizaciones profesionales. Estos grupos principalmente tienen eventos enfocados en su área profesional y para crear mayores redes de contactos. Si sientes que hablar sobre el trabajo es más fácil que hablar sobre las emociones, este es un buen sitio para empezar a crear relaciones de apoyo social. Busca una profesión específica o un interés con la frase "organización profesional". Algunos ejemplos: Veterans Business. Network, National Association for Women Business Owners, Gay and Lesbian Medical Association, o la National Society of Black Engineers. Puedes encontrar también grupos de interés locales.

- **Lugares de alabanza religiosa:** algunos de los lugares donde las personas se reúnen con otras personas con las mismas creencias son las iglesias, sinagogas, áshrams (monasterios), mezquitas, e incluso grupos de reunión para ateos y agnósticos. Muchos lugares de alabanza tienen grupos pequeños de 5-10 personas dónde podremos conocer a otros en una actividad de grupo. Por ejemplo, hay grupos de estudios religiosos, grupos de lectura, coros y grupos de creatividad, o grupos de voluntariado en la comunidad. Muchos lugares de alabanza tienen un sitio de internet y calendarios en donde publican los eventos de sus grupos. Si no los tienen, recomiendo que busques el número de teléfono y pidas hablar con un encargado del grupo. Puedes decir esto: "Hola, estoy buscando más información sobre su organización y quería saber si tienen un grupo pequeño o un evento que se reunirá durante la semana dónde pudiera conocerlos."

- **Voluntario.** ¿No eres bueno para relacionarte con personas desconocidas? Yo tampoco la soy. Llevo a pasear a los perros del centro de rescate local y allí llego a conocer a otras personas que prefieren a los caninos sobre la mayoría de los humanos. Ser un voluntario es una buena manera de conocer a personas a las cuales les interesan los mismos temas que a nosotros. Podemos ser desde voluntarios para construir casas para los veteranos u organizarnos para luchar por temas de justicia social.

- **Grupos de apoyo.** Los grupos de apoyo reúnen a personas que están pasando por situaciones similares (como Alcohólicos Anónimos, etc.), comúnmente son liderados por supuestos "profesionales" en vez de terapeutas certificados/as y, el enfoque está en escuchar y trabajar juntos en grupo para sanar y desarrollarse. Son bienvenidos los visitantes para compartir lo poco o lo mucho que desean. Los grupos de apoyo pueden ser alentadores porque nos recuerdan que no estamos solos y que otros han superado grandes barreras. Los grupos de apoyo nos pueden ayudar a sentirnos menos aislados, especialmente cuando empatizamos con otra persona en una situación similar. La organización NAMI.org ofrece información sobre grupos de apoyo para problemas de salud mental y SAMHSA.gov ofrece recursos para el apoyo contra el uso y abuso de alcohol y otras sustancias, al igual que otros temas importantes de la salud mental. Los Sobrevivientes de Seres Amados (<u>SOLOS</u>), por sus siglas en inglés, es un grupo de gran apoyo liderado por los mismos compañeros.

- **Los grupos de AA, NA, AL ANON, etc.** Los programas de 12 pasos que ofrecen son conducentes para proveer el apoyo social con responsabilidad y hay grupos anónimos para cualquier adicción. Además de esos tres programas más conocidos, los Codependientes Anónimos (CoDA) es otro buen agente de cambio, al igual que los grupos de adicción a las apuestas y los sobrevivientes de incesto. No todos son fanáticos de los programas y se entiende – hay grupos pésimos, pero también hay grupos dinámicos e inspiradores. Podemos ir de grupo en grupo hasta encontrar uno en el que encajamos bien.

- **Terapia en grupo.** Terapia en grupos, a diferencia de los grupos de apoyo, son liderados por profesionales de salud mental certificados y pueden ser unos grandes agentes de cambio. Otra divulgación de mi parte: yo lidero terapias en grupos y suelo participar también en grupos de terapia como cualquiera persona, así que estoy muy a favor de estas terapias. Creo firmemente que la terapia en grupo me ha ayudado a crecer más que cualquier otra acción individual. Hay obvias diferencias entre una terapia en grupo y los grupos de apoyo. Los grupos de terapia suelen ser pequeños con alrededor de ocho personas y uno o dos lideres de grupo. Los lideres seleccionan a los miembros antes de que formen parte del grupo y los lideres son profesionales certificados en salud mental. La terapia en grupo no es gratis; a veces lo paga un seguro médico o los miembros lo pagan ellos mismos. Los grupos pueden ser en línea o presenciales (yo asisto a una terapia de grupo en línea usando una plataforma llamada *Zoom*). Los grupos requieren de un gran esfuerzo, pero valen la pena.

- **Terapia individual.** Ya sabías que este tema ya venía - dado que soy una terapeuta. En términos de apoyo social, nuestro/a terapeuta debe ser nuestro/a gran campeón/a. Debe de proveernos con un objetivo, con una perspectiva en tercera persona y, estar al 100% de nuestro lado. Nuestro/a terapeuta es nuestro/a orientador/a, una persona de confianza con la cual podemos compartir ideas y recurrir con esta persona como un recurso de apoyo.

- **Grupos en línea.** Otra divulgación más de mi parte: aún no he profundizado en la tecnología avanzada como los expertos de esa área, pero las redes sociales de hoy en día me han asombrado con la cantidad de apoyo social que mis pacientes han encontrado disponible en línea en foros de chat y grupos en las redes sociales. Para encontrar uno, intente haciendo una búsqueda como, por ejemplo: "grupo de apoyo en línea sobre el PTSD."

Cuando encontremos lo que nos pueda llamar la atención, tenemos que comprometernos a asistir a los grupos. El siguiente paso es asistir regularmente.

Nuestra meta es hacer amigos de 'en medio' con una meta a largo plazo para construir una tribu de partidarios con el paso del tiempo. Las tribus vienen con responsabilidades y rendición de cuentas. Cuando faltamos a una reunión del grupo de lectura, nuestro amigo de en medio nos llamará para ver si estamos enfermos; cuando faltamos a una reunión de un programa, nuestro representante llamará para ver si hemos recaído.

Se que, con el PTSD, en el cual solo queremos que nos dejen solos, el hecho que otras personas nos pregunten cómo estamos es un asunto positivo. Es lo opuesto al evitamiento ya que intencionalmente estamos invitando a otros a nuestro mundo personal, incluso si es solo una vez por semana.

Crear una red de apoyo social es un gran salto de fe. También está basado en evidencia en términos de ayudarnos a recuperar.

Cuando creemos que el cambio si es posible y queremos cambiar, decidimos actuar sobre eso. Entonces, (1) escoge una actividad, (2) preséntate y solo respira. Todos en el grupo han sido, en su momento, esa persona nueva como tú, lo entienden.

Capítulo 9

Hablar con Personas que Importan Sobre Nuestro Tema con el PTSD:

Discurso de Ascensor

No todos tienen el derecho de saber nuestra historia, pero probablemente haya algunas personas en nuestras vidas que si lo tienen. En este capítulo, vamos a explicar cómo podemos hablar con las personas que más importan en nuestras vidas – que decir y cómo decirlo. Este capítulo es incómodo y así tendrá que serlo. Nuestros seres queridos importan y nuestro tema con el PTSD probablemente ha jodido algunas de nuestras relaciones más importantes. Vamos a hablar sobre cómo comunicarnos con esas personas de una manera que nos dará una oportunidad de recuperar esas relaciones.

He enseñado este tema en mis clases cientos de veces, a través de los últimos años, y he trabajado con militares para crear un *"discurso de ascensor"* (significa una "descripción breve"). Está basada en la lógica de la ciencia moderna y la he visto funcionar una y otra vez. Podemos pensar que nuestras relaciones ya están demasiado distanciadas y que somos esa persona que ya no puede hacer que este capítulo de su vida funcione, pero no tenemos nada que perder y tenemos todo por ganar al conectar o reconectar con las personas que nos aman.

Escribiremos el guion, aceptaremos estar incomodos y vulnerables, y escogeremos lanzar los dados del tema en el juego.

Este capítulo no te hará cosquillas, pero probablemente será efectivo.

"Pero, Virginia," alegas, *"¡tú no sabes lo que le he hecho a mis relaciones familiares!"* Y tienes razón. Pero te diré esto: ya no me sorprende nada desde el 2008 y he observado que esto si ha funcionado tantas veces que por eso lo estoy anotando. Solo acompáñame un rato.

Comencemos

Hay cosas terribles que pasan en nuestras relaciones cuando tenemos el PTSD. Tenemos pensamientos negativos persistentes sobre nosotros mismos, sobre otras personas, y sobre el mundo entero, y eso resulta como un disparo de una escopeta con nuestras relaciones personales. Esto es cierto inclusive con las personas que más nos importan y a las que les importamos, pero sobre todas las cosas, con compañeros del servicio militar, con nuestros padres, pareja, hijos, o amigos de toda la vida. Tal vez ni estemos al tanto de que tenemos el PTSD cuando nuestras relaciones empiezan a fracasar.

Hablemos sobre la "Desagradable Verdad": tal vez no sabemos que sufrimos del PTSD, pero sospechamos que algo no está bien. Podemos percibir que no nos sentimos como éramos nosotros mismos antes. Sabemos que algo dentro de nosotros es diferente y es diferente de aquella manera que antes era buena y agradable.

Nuestros seres queridos también saben que hay algo que está mal. Pueda que no sepan exactamente lo que está mal, pero saben que algo lo está.

Y *nosotros sabemos que ellos saben* que algo está mal.

Y *ellos saben que nosotros sabemos que ellos saben* que algo está mal.

Nuestro PTSD se convierte en el metafórico "elefante en la habitación" (la verdad incómoda).

Esto significa que hay algo obvio "en la habitación"– todos saben que está ahí, pero nadie quiere hablar acerca del tema porque es muy incómodo hacerlo.

Nuestro PTSD es tan obvio, angustiante e incómodo que parece un elefante gigante en un cuarto pequeño. Sabemos que nuestros seres queridos están preocupados por nosotros y *ellos saben que lo sabemos*. Nuestros seres queridos no quieren hacernos sentir mal o causarnos pensamientos suicidas al hablar sobre nuestros síntomas, posiblemente no saben lo que es el PTSD, o honestamente pueden estar aterrados sobre lo que podría pasar si nos causan un desequilibrio al romper el silencio. Puede ser que nosotros no lo mencionemos porque sabemos que nuestro PTSD los está estresando – sabemos que tienen miedo, y sabemos que no tienen idea que decir. Si supiéramos que hacer, ya lo hubiéramos hecho al hablar sobre nuestro PTSD con las personas a quienes más amamos, pero decidimos evitarlo, y nos encontramos de vuelta en el criterio C (evitamiento).

Es fácil para nosotros caer en el evitamiento. Suele comenzar con las mejores intenciones; tal vez estamos tratando de evitar mostrarles nuestros síntomas a nuestros seres queridos o nos preocupa su seguridad. Hay efectos involuntarios de segundo nivel: nos lanzamos a una rueda de vergüenza y nos aislamos de las personas que más nos aman y nos pueden ayudar. Tal vez cuando interactuamos con otras personas, nos enojamos o nos frustramos o perdemos la cabeza. Y podemos hacer conclusiones que no son ciertas, como que les va a ir mejor sin nosotros.

Aquí está la terca verdad sobre el amor: no se da por vencido fácilmente.

A veces, nuestros seres queridos hacen conclusiones equivocadas también. Al no tener más información, nuestra mente crea ideas para explicar el "por qué" las cosas son diferentes. Por ejemplo, no nos vamos a reunir en el bar porque las multitudes nos espantan, pero nuestros amigos piensan que estamos enojados con ellos por algún motivo. Tal vez no estamos teniendo relaciones sexuales con nuestra pareja porque el PTSD jode con la libido, pero nuestra pareja piensa que es por los kilos que subió durante nuestro último despliegue militar y que ya no nos sentimos atraídos a él/ella.

No vamos a la obra de teatro escolar de los hijos porque no queremos tener un ataque de pánico en público, y nuestro hijo/a piensa que es porque no les dieron un rol importante en la obra. No les leemos un cuento a la hora de dormir a nuestros hijos porque no queremos llorar enfrente de ellos y la conclusión a la que ellos llegan es que "mamá/papá ya no me lee porque me porto mal".

Se que esto duele al escucharlo, pero te lo estoy diciendo con cariño:

Ante la falta de una explicación de nuestra parte, nuestros seres queridos llegaran a sus propias conclusiones. Probablemente estarán completamente equivocados y probablemente causará que se convierta todo en un "elefante en la habitación" aún más grande, desagradable, apestoso, e incómodo del cual todos tomaremos la decisión de ignorar.

Entiendo que podremos estar leyendo esto ya que se haya finalizado el divorcio, o después de decirle a alguien que no queremos volver a hablar con ellos nunca más, o después de que los niños se fueron a la universidad. Entiendo que el PTSD tal vez ya destruyó nuestras relaciones, pero quiero que hablemos sobre cómo invitar a que regresen esas relaciones – antes de que se vayan para siempre.

Discurso de ascensor

El término "discurso de ascensor "viene del mundo de los negocios. Es breve, en 30 segundos (el tiempo que dura un ascensor en subir del primer piso al último de un edificio), y es claro y conciso para exponer nuestro propósito.

Nuestro discurso de ascensor se divide en siete partes

1 Pide permiso para hablar sin interrupciones y esperar una respuesta
2 Presenta a nuestro "elefante en la habitación": reconoce tus emociones o falta de emociones y déjales saber que estás bien
3 Acepta nuestro pasado – con nuestra propia narrativa, habla claramente
4 Describe nuestro punto de recapacitación – nuestra revelación
5 Pide su aceptación y apoyo; maneja las expectativas
6 Ámalos
7 Mantente en silencio

---

1. Pide permiso.

Antes de empezar con nuestro "discurso de ascensor", es importante que dejemos saber a nuestros seres queridos que queremos hablar con ellos sobre algo importante y necesitaremos alrededor de 30 segundos sin interrupción para hacerlo. Ninguna pregunta; ninguna interrupción; solo 30 segundos de su parte para escucharnos con la mente abierta.

Es importante comprender que no todos los que amamos estarán preparados para esto y eso se entiende. Las relaciones requieren de dos personas y es increíblemente importante que respetemos los límites de los demás - porque respetar los límites de otras personas es una manera en la que mostramos nuestro amor y el respeto hacia ellos.

Les pedimos permiso desde el principio. Puede ser algo así: "Cariño, me alegra que tengamos este tiempo a solas porque hay algo importante de lo que te quiero hablar. Si estás de acuerdo, me gustaría decirlo todo junto y prometo que solo durará 30 segundos. ¿Está bien si digo todo esto rápidamente sin hacerme ninguna pregunta?". Después espera que te respondan "sí" verbalmente. Solo después de eso deberás proceder.

Digamos que un ser querido/a es una persona que suele interrumpir. Está bien. Si te interrumpen, solo repíteles, "¿Está bien si te digo todo esto primero? Te prometo responder a cualquier pregunta que tengas en unos 30 segundos".

¿Qué tal si dicen que no? Eso puede pasar y se entiende.

Les dejamos saber que, si cambian de opinión, estamos disponibles. Les reafirmamos que nos importan mucho y que respetamos sus límites. Se puede decir algo así como: "te entiendo y respeto tus límites. Si cambias de pensar, quiero que sepas que es importante para mí, el poder hablar contigo". Y déjalo así. Hablarán contigo cuando estén listos.

2. Introducir a nuestro elefante.

Creo firmemente que cada vez que haya un elefante en la habitación, es importante y seremos inteligentes al presentarlo. Probablemente tendremos sentimientos incómodos cuando decidamos hablar con nuestros seres queridos – estaremos nerviosos, con emociones, o sentirnos frustrados.

Nos podemos sentir completamente entumecidos y podrá resultar ser difícil conectar con ellos. Todo eso es normal – reconoceremos que tenemos esos sentimientos y le dejaremos saber a nuestro ser querido/a que estamos bien. Puede sonar así: tengo que ser honesto/a contigo, estoy muy nervioso/a al hablar contigo en estos momentos. Si me tiembla la voz, es por eso, pero estaré bien". O puede ser algo así, "entiendo que puede parecer como que no estoy sintiendo nada en este momento. Se me hace difícil conectar, pero te prometo que si quiero."

3. Acepta nuestro pasado.

Esta es una oportunidad para aceptar nuestro

comportamiento y no dar excusas. Recordemos que este es un discurso de ascensor, así que hay que mantenerlo breve. Es muy importante recalcar esto: *mantenlo simple y breve*. Este tema no es para hacer las paces, esto no es como estar hablando con nuestro terapeuta, así que mantenlo breve y sin desviarte del tema. Habrá tiempo después para hablar más a fondo, pero no durante nuestro discurso de ascensor. Lo repito: si nos toma más de 60 segundos, lo estamos haciendo mal.

Esto se puede decir así, "sé que desde que regresé de mi despliegue, las cosas han estado mal. He estado bebiendo demasiado y pasando mucho tiempo a solas". O tal vez, "he tenido un par de años difíciles. Mi amigo se suicidó, y he batallado con la depresión. Sé que esto también te está afectando a ti".

Nada que digamos es una revelación; simplemente estamos poniéndole un nombre al "elefante en la habitación". Les estamos diciendo a nuestros seres queridos que hemos estado batallando y que sabemos que ellos también lo perciben. No necesitamos entrar en detalle porque ellos ya lo saben.

Debo enfatizar que este *no* es el momento de mencionar algo nuevo. No digas, "La he pasado muy mal estos últimos años...por eso te estoy engañando con tu hermana". Esas babosadas duelen; no hagas eso. Cuando tenemos algo impactante que decir, hazlo con un/a terapeuta matrimonial o con un familiar presente. Y si te estás acostando con tu cuñada, deja de hacerlo.

4. La revelación.

Una revelación (una epifanía) es un momento de "¡a-já!". Aprendimos algo que no sabíamos antes, nos dimos cuenta de algo que no habíamos notado antes, o nos dimos cuenta de algo que no habíamos comprendido previamente – y por eso, todo ha cambiado. Para usar un término de las fuerzas armadas aéreas, tuvimos un "cambio de paradigma" y nuestro sistema fundamental de creencias ha cambiado – o, por primera vez, queremos que nuestro sistema fundamental de creencias cambie. Nuestras dos gran creencias han cambiado: o creemos que el cambio si es posible, o queremos cambiar, y estamos listos para dar ese siguiente paso.

Puede escucharse como que no estoy hablando en serio, pero esto no es algo insignificante. Las epifanías aparecen de forma grandes o chicas, pero su impacto es profundo.

¿Qué fue lo que nos hizo querer cambiar? Esto se puede escuchar como que "he comprendido desde mi último intento de suicidio que quiero vivir", o, "he decidido que quiero ser la mejor madre que pueda ser."

5. Pide la aceptación, maneja las expectativas.

Esto es cuando la conversación cambia al 'aquí y ahora'. Necesitamos apoyo de nuestros seres querido y este es el momento para pedirlo. También es el momento para manejar las expectativas: este viaje no será fácil, pero nos dedicaremos a intentarlo. Puede escucharse como que "estoy aquí y quiero cambiar, pero también sé que no será fácil y probablemente lo arruinaré mucho. Pero creo que con tu apoyo continuo lo puedo lograr". O tal vez dirás, "yo, tu Papá, ha decidido recibir la ayuda que necesita para mejorarse. Pueda que dure tiempo para que veas algún cambio en mí, pero prometo que seguiré intentándolo aún si me equivoque al principio". Recuperarse del PTSD no es un proceso de un día, y necesitamos dejarle saber a nuestros seres queridos que pondremos todo de nuestra parte.

6. Ámalos.

No todos estarán cómodos con esas palabras, pero esta es nuestra oportunidad de 'sobrepasar las filas'. Sí, necesitamos decir esas palabras. Mantenlo sencillo: "lo más importante que quiero que sepas es que te amo y estoy disponible para responder a cualquier pregunta que tengas."

7. Silencio.

Esta es la parte más difícil después de expresar el "discurso de ascensor" porque cada uno de nosotros quiere ir al rescate o acabar con ese silencio incómodo. Te imploro, amigo mío: ¡*calla la boca en este momento*! No trates de abrazarlos, no trates de consolarlos o calmarlos. En este momento, debemos mantenernos callados.

La razón es que este es el momento para dejar que nuestro ser querido/a hable y debemos respetar eso.

Cuando decidamos mantener el silencio, les da la oportunidad de sentir lo que sea que están sintiendo sin ninguna interrupción y sin ser juzgados. Nuestro silencio muestra el respeto sobre su experiencia y los motiva a compartir sus opiniones, sentimientos y emociones con nosotros. Este es nuestro momento de estar en "modo de recibir", y sí, se siente ser vulnerable y aterrador. Así es como reconectamos; es una invitación para ellos para que estén con nosotros de una manera auténticamente radical.

La autenticidad radical es aterradora porque significa que estamos desalojando a los "elefantes en la habitación" en lo que optamos ser honestos, aunque sea un tanto desordenado. En nuestro discurso de ascensor escogemos ser así, pero honestos, y con nuestro silencio, invitamos a nuestro/a ser querido/a a que sea igual de autentico/a con nosotros. De nuevo, será difícil mantener el silencio, pero es vital. Puede ser que nuestro ser querido/a no esté listo/a para hablar con nosotros en esos momentos sobre el tema del PTSD, y es algo entendible.

Pueden estar enojados, o en un estado emocional, o completamente

imperturbables – y todo eso es normal. Al haber abierto esa puerta es algo que no se cierra con facilidad. En ese momento, les podemos decir que, si cambian de opinión, estamos disponibles para apoyarlos y les reafirmamos que nos importan mucho y respetamos sus límites. "Te entiendo totalmente y respeto tus límites. Si cambias de opinión, quiero que sepas que eso significaría mucho para mí". Hablarán contigo cuando estén listos y, cuando estén listos, hay la posibilidad de establecer una auténtica conexión.

Algunas notas finales

Cada discurso de ascensor es tan diferente como nuestras experiencias, pero es importante que **sigamos el esquema**. Desarrollé el discurso de ascensor basado en el trabajo de Robert Rosenthal y Viktor Frankl, dos grandes figuras de la psicología, y esta estrategia ha ayudado literalmente a cientos de militares a reconectarse con sus seres queridos y crear un camino hacia la recuperación.

Usa las notas para que te ayuden.

Hablar sobre el PTSD con nuestros seres queridos es una experiencia incómoda. Te invito a usar notas escritas si eso te ayudará a relajarte un poco – solo déjale saber a tu ser querido/a que vas a usar unas anotaciones escritas que te ayudarán para explicar tu situación.

"Pero, Virginia…" te oigo decir, "Todo eso suena como muy manipulativo".

Posiblemente tengas razón. Aquí está el asunto, amigo/a: no hay necesidad de reinventar la rueda cuando existe un excelente campo científico y la disponibilidad de investigaciones.

Pienso, en lo personal, que la única manera que puede ser manipulativo es si nuestras palabras no son realmente sinceras.

Lugar y espacio. Es importante que escojamos un lugar y un tiempo apropiado para hablar con nuestro ser querido/a si es que tenemos la opción. Si estamos encarcelados o en el hospital, nuestras opciones son limitadas, pero si tenemos más libertad o un espacio privado, será recomendable aprovecharlo. Recomiendo un lugar callado sin interrupciones.

Esta es la conversación que deberá ser de carácter individual y privado. Tal vez tienes seis hijos, incluyendo dos parejas de gemelos. Que bien por ti, pero este no es el momento de sentar a todos en el sillón para una plática de familia. Esta es solo una conversación entre dos personas. La razón es sencilla: nuestro asunto con el PTSD no le afecta de igual manera a otras personas y es importante que respetemos cada experiencia individual. Esto es especialmente importante con respecto a los menores de edad; un niño puede ser muy sensible, a otro tal vez no le importa tanto. Pero – hay que respetar este tema con el cuidado individual que se merece.

Probablemente llorarás. No será un llanto dulce que se limpia con un pañuelo blanco, sino un llanto incómodo. Hay que ser fuerte. Prepárate y ten un pañuelo disponible a la mano para que no te bañes con el lagrimeo. Si no lloras, no significa que sea algo malo. Puede ser que se siente uno entumecido cuando se sufre del PTSD.

Mantén la conversación apropiada para la edad de quien te escucha. Necesitamos usar un lenguaje que nuestro ser querido/a entenderá. Nuestro discurso de ascensor con un padre mayor de edad será diferente a nuestro discurso de ascensor con un hijo menor.

Practica. Te recomiendo practicar tu discurso de ascensor antes de expresarlo en persona. Podrías practicarlo con un/a terapeuta o con un amigo de confianza lo cual sería perfecto. Y nos animará para ese momento. Si aún no tenemos una red de apoyo social, se podrá practicar nuestro discurso de ascensor a solas, enfrente de un espejo, y eso ayudará aliviar la ansiedad y los nervios.

Escríbelo. Algunos de nosotros tenemos una ansiedad abrumadora, simplemente la idea de hablar con otra persona no es una opción viable para nosotros por el momento. Está bien. Escribe tu discurso de ascensor en una carta y entrégasela al ser querido/a. No importa de qué manera conectemos; lo que importa es que decidamos conectar con ellos.

> ### Consejo
>
> *¿Necesitas una charla sobre el poder de la vulnerabilidad? Escucha la brillante conferencia de Brené Brown. Ella explica sus investigaciones y cómo usar nuestra vulnerabilidad para verdaderamente conectar con otra persona. Vale la pena tomar esos valiosos 15 minutos de tu vida y escucharla.*
>
> Los enlaces y recursos aparecen al final de este libro.

Algunos ejemplos

Here Aquí tienes unos ejemplos de discursos de ascensor que pueden ayudar a tener más confianza al formular uno propio. No te preocupes por si la vas a regar. Lo que importa es que lo presentarás y que decidas estar presente. Sí, nos sentiremos vulnerables. Sí, nos sentiremos incómodos. Sí, sentiremos miedo – pero hemos decidido hacerlo, a pesar de nuestros sentimientos. Incluso si se jode sin remedio alguno, estamos tomando la decisión de ser valientes, y eso es maravilloso.

Ejemplo 1

Pide permiso. "Cariño, me alegra poder tener tiempo a solas contigo esta noche porque hay algo importante de lo que me gustaría hablar. Te prometo que no es malo, pero es algo que tengo que decir de una vez sin detenerme - si estás de acuerdo.

¿Está bien si te explico esto durante 30 segundos sin ninguna pregunta o interrupción?" (detente – espera ahora su respuesta).

Presenta a tu "elefante en la habitación". "Me tomé el tiempo de apuntar unos detalles en esta hoja porque no quiero que se me olviden y eso me ayuda a estar menos nervioso/a".

Aceptemos nuestro pasado. "He pasado por un par de años difíciles y nos ha afectado a ambos. Tuve un despliegue difícil, me he alejado de ti por lo mismo, y mi problema con el

alcohol ha empeorado".

Revelación. "Recientemente, las cosas se me pusieron más difíciles, y decidí que necesito buscar ayuda para tratar mi PTSD".

Pide aceptación, maneja las expectativas. "Tengo unas ideas para recibir ayuda y sé que no será fácil. Creo que, con tu apoyo, puedo enfrentar esta batalla".

Amor. "Entiendo que te he hecho pasar por momentos incómodos. Lo más importante que quiero que sepas es que te amo, amo lo que somos, y haré lo que sea necesario para que esto funcione".

Ahora calla la boca. Esto es muy importante, haz lo que sea necesario para mantener el silencio y deja que tu pareja sea quien hable después de tu explicación.

Ejemplo 2 – *Que sea apropiado lo que digas para la edad de quien te escuchará*

Pide permiso. "Pequeño, (*Nombre del niño/a*), tengo algo importante que decirte, ¿si estás de acuerdo? No estás en ningún problema, no te preocupes. Quiero hablar contigo un poco sobre mí y lo que he estado pasando. ¿Está bien eso? (Ahora detente – espera su respuesta).

Introduce al "elefante en la habitación". "Entiendo que estoy llorando un poco, pero estoy bien. A veces siento tanto amor por ti y tu mamá que me llena el corazón y me sale por los ojos, pero te prometo que estoy bien".

Aceptar nuestro pasado. "Sé que no hemos estado pasando tanto tiempo juntos como antes, y es mi culpa. Siento pena al decírtelo, pero a veces, siento miedo cuando estamos entre mucha gente. A veces, también me enojo de repente, y eso me inquieta".

Revelación. "Aunque siento miedo a veces, he decidido que quiero ser el mejor padre/madre que pueda ser así que voy a trabajar para enfrentar mis miedos".

Pide aceptación / maneja las expectativas. "Esto significa que iré a ver a un doctor especializado en este tema que me puede ayudar. Me van a dar mucha tarea y ocasionalmente podrá parecer que estoy enojado, pero eso no significa que esté enojado contigo. Tu apoyo me ayudará muchísimo."

Amor. "Me imagino que se siente feo verme actuar de forma enojada y que a veces te sientes solo/a. Lo más importante que quiero que sepas es que te amo. Puedes hablar conmigo sobre cualquier sentimiento que tengas, y haré todo lo posible de mi parte para responder a todas tus preguntas".

Ahora calla la boca y espera su respuesta.

Ejemplo 3

Pide permiso. "Mamá/Papá, me alegra que tenemos la oportunidad de hablar, aunque haya sido por teléfono. Se que han estado preocupados por mí, y la verdad es que yo también he estado preocupado por mí mismo/a. Les quiero contar por lo que he estado pasando y necesitaré alrededor de 30 segundos para contarlo todo. Después de eso, les prometo que responderé cualquier pregunta que tengan. ¿Está bien?". (detente – y espera su respuesta).

Introduce a nuestro elefante. "Me es difícil conectar con mis sentimientos, así que, aunque suene que estoy entumecido o que no siento nada, les prometo que sí siento y que estoy bien".

Aceptar nuestro pasado. "Se me ha hecho difícil volver a mi vida normal desde que mi amigo se suicidó el año pasado. Dejé de llamarte cada semana como solía hacerlo porque no quería que se preocuparan por mí, pero ahora entiendo que eso tal vez les hizo preocuparse más".

Revelación. "He estado hablando con unos amigos y he decidido que quiero recibir ayuda".

Pide aceptación, maneja las expectativas. "Estaré buscando ayuda profesional y podría beneficiarme acudir a consulta cada semana de nuevo. Entiendo que soy yo quien dejó de llamar y siento mucho haber hecho eso. De verdad extraño hablar contigo (con ustedes) cada semana".

Amor. "No me puedo imaginar lo que fue para ti (ustedes) no saber de mí, y lo siento mucho. Quiero que sepan que los amo y que estoy muy agradecido/a de que sean mis padres (mi mamá/papá)".

Estas conversaciones son difíciles, pero al no tener apoyo social es infinitamente más difícil. También, ¿qué tenemos que perder aquí? Nada, y tenemos todo para ganar al conectar y reconectarnos con las personas que nos aman.

Capítulo 10

PTSD y el Trabajo

Nosotros Controlamos la Narrativa o la Narrativa Nos Controla a Nosotros

En este último capítulo, comentaremos sobre cómo hablar con las personas en nuestras vidas que merecen nuestra narrativa; aquellos que nos apoyan y que nos aman.

En este capítulo, hablaremos también de las personas que no nos aman. Hay la posibilidad de que trabajes con ellos.

Antes de que te ofendas y me mandes un correo con observaciones fuertes, me alegrará saber si eres la excepción y tengas un lugar de empleo que se sienta como estar en una gran familia feliz. El resto de nosotros vivimos en otra realidad con jefes de mala onda, colegas chismosos, y un departamento de recursos humanos que vale madre.

Muchos de nosotros aún seguimos en el servicio militar, o en las reservas de EE. UU., y eso puede valer poca cosa también.

Aquí está el asunto: al menos que seamos ricos, antes y después de recibir tratamiento para el PTSD, necesitamos regresar a trabajar

Así como nuestros seres amados, todos en la oficina saben que necesitamos ayuda. Al contrario de nuestros seres amados, los compañeros en el trabajo pueden ser unos verdaderos tipos de mierda, perjuiciosos, pasivos/agresivos, y chismosos que se regocijan al vernos fracasar.

Pero ahora divago del tema.

Aquí están las cosas cómo son:

O controlamos la narrativa, o la narrativa nos controla a nosotros.

Para poder reintegrarnos a nuestro ámbito de trabajo después de recibir tratamiento, o para poder recibir apoyo en nuestro empleo para poder seguir recibiendo un tratamiento, necesitamos hablar con nuestros jefes y colegas sobre el PTSD. No es justo y no es asunto de ellos.

Pero - así es la vida, así que este capítulo nos enseñará cómo manejar nuestra narrativa, pedir aceptación y apoyo en nuestro lugar de trabajo, y regresar a la normalidad en la que nos dejen estar en paz.

De nuevo, te solicito que no me envíes un correo reclamándome. No importa que tan manipulador consideres que sea este capítulo, recuerda que me encuentro en el área de apoyo por medio de la terapia, no en el de reinventar la rueda. Hay un adjetivo para esas personas que optan por no aprovechar el ramo científico disponible y quieren "descubrirlo todo por sí mismos". Allá ellos.

Hay una Narrativa - y Hay un Elefante

Seamos claros: no hay secretos en las fuerzas militares. Sí, "deberían" de haber leyes de HIPAA, y "debería" de haber confidencialidad, pero deténganse, porque esos temas no existen en las fuerzas militares (y en el sector civil es casi igual). Cuando tenemos problemas, sobre todo por temas mentales, la falta de atención es bien conocida. Eso no indica que sabemos lo que es verídico, pero todos sabemos que algo está pasando. Cuando tomamos la decisión de no hablar sobre algún problema como el nuestro (o la necesidad de recibir tratamiento), aparece un elefante en la habitación.

Déjame expresar esto de forma clara: al no prestarle atención a nuestro tema del PTSD o evitar hablar al respecto de ello en nuestro trabajo - no es la idea más adecuada. Podemos ser brillantes de maneras diferentes, pero todo lo que nuestros colegas piensan es, "¿de verdad no hablaremos con el/ella de que estuvo en el hospital por cuatro semanas?" o, "¿vamos a fingir que el/ella no tuvo un ataque de pánico en el baño?"

Necesitamos enfrentarlo. No es justo, de acuerdo; pero aguántate. Lo bueno es que hay mucha información científica valiosa para ayudarnos con esto, así que empecemos a trabajar.

Datos Científicos

Empecemos con el profesor de Harvard, Robert Rosenthal. En 1964, condujo un experimento en una escuela primaria cerca de San Francisco. Les dio a todos los estudiantes un examen de coeficiente intelectual estandarizado, pero le puso una portada nueva, llamándolo el "Examen de Harvard de Adquisición Inflexiva". Para ser claros, *esto fue una farsa* – era un examen de coeficiente intelectual estandarizado, pero Rosenthal les dio la idea a los alumnos que era algo nuevo y sofisticado.

Rosenthal les dijo a los maestros que este examen importante de Harvard tenía la habilidad de predecir cuales niños iban a experimentar un crecimiento extraordinario en su coeficiente intelectual – los niños excepcionales iban a hacerse dramáticamente aún más inteligentes. ¿Increíble no?, Exacto. *Pero de nuevo: no era cierto.*

Después de que los niños tomaran el examen, Rosenthal escogió niños al azar y les dijo a los maestros que los resultados del examen predijeron cuales niños estaban a punto de dar una explosión intelectual. Les dijo a los maestros, pero no a los estudiantes. El equipo de

Rosenthal observó a los niños durante los siguientes dos años, y al final del estudio, todos los estudiantes tomaron el mismo examen de nuevo que al principio de los estudios. Algo milagroso ocurrió: los niños que Rosenthal había dicho que "explotarían intelectualmente" en verdad mostraron un mayor nivel significante en el examen.

Solo que existía un problema: estos niños fueron escogidos al azar. ¿Cómo experimentaron tal aumento en su coeficiente intelectual? Rosenthal observó a los estudiantes en el salón y descubrió que las expectativas de los maestros afectaron significativamente a los estudiantes. Las interacciones de los maestros con los estudiantes que esperaban que se desarrollaran intelectualmente difería con la de los estudiantes que consideraban "normales". Los maestros les dieron _más_ atención a los estudiantes que esperaban que fueran más exitosos – con más atención individual, más tiempo para responder las preguntas, y más afirmación y aprobación. "No es magia, no es telepatía mental", dijo Rosenthal. "es muy probable que hay miles de formas para tratar de manera diferente a la gente, de pequeñas maneras, todos los días".

No fue la aptitud de los alumnos lo que les dio una mejora estadísticamente significativa en su coeficiente intelectual, fue la narrativa – fue la historia que a sus maestros les hicieron creer de ellos. Y vale la pena señalar que nadie le escribió una carta con palabras resonantes a Rosenthal diciéndole que sus métodos eran manipuladores.

Literatura

Pensemos sobre historias que nos inspiran. Ya sean de ficción o no ficción, los estudios de literatura nos cuentan que las historias inspiracionales tienen un patrón similar.

Podemos usar toda la inteligencia y graficarlo al respecto.

Llamaremos a nuestro eje x "tiempo" y a nuestro eje y para el "nivel de felicidad/éxito".

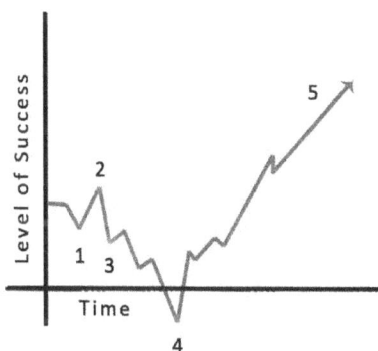

Sigue los números del gráfico y deja mostrarte la estructura básica de una historia supuestamente inspiradora:

1. Sin babosadas, estaba allí, haciendo lo mío, y fallé.

2. Hice lo que pude para mejorar, y parecía que estaba funcionando.

3. Pero fallé de nuevo. Traté y traté, y las cosas seguían empeorando.

4. Finalmente, "toqué fondo" y todo fue una mierda. Pero en el fondo, algo milagroso ocurrió: ¡tuve una revelación! Aprendí algo que no sabía antes, conocí a alguien que nunca había visto antes, ¡y aprendí y mejoré!

5. Porque la vida es la vida, tiene sus altibajos, pero, en general, mi vida siguió mejorando y viví feliz para siempre.

Generalmente, este es el patrón de las historias de las personas que nos inspiran. Los novelistas saben esto, los libros de Sopa de Pollo para el Alma prosperan con esto, y nos sentimos inspirados cuando conocemos algo sobre personas cuyas vidas caben en ese patrón también. Como Rocky Balboa, Oprah, Elon Musk – todos aman a un desamparado, todos aman ver un retorno exitoso.

Las narrativas nos inspiran y atrapan nuestra imaginación. Al elaborar nuestra propia narrativa, seríamos tontos al no aprovechar este elemento de la mente humana.

Psicología

Veamos una escuela de terapia que se enfoca en la narrativa llamada Logoterapia. Fue desarrollada por Viktor Frankl, un neurólogo, psiquiatra, y sobreviviente de Auschwitz durante la Segunda Guerra Mundial. Frankl sabía que las experiencias personales se transforman en historias personales a las que se les da un significado y ayudan a moldear la identidad de una persona. Frankl entendía que hay muchos temas en nuestras vidas que no podemos escoger. No escogemos a nuestra familia ni dónde crecemos; y los niños tienen poca autonomía. Como adultos, no siempre tenemos una opción tampoco; Frankl ciertamente no escogió ser encarcelado en un campo de concentración.

CUANDO LO SOBREVIVIMOS, NOS TOCA PODER DEFINIRLO

Pero Frankl sabía que los humanos son "capaces de resistir y desafiar incluso las peores condiciones", y, al hacer eso, podrán desvincularse de situaciones y de ellos mismos. La Terapia de Narrativa, acreditada a Michael White y David Epston, también busca exteriorizar situaciones de nosotros mismos. La idea es que podemos escoger una actitud sobre nosotros mismos y nuestro trauma porque lo sobrevivimos.

Lo reitero: cuando lo sobrevivimos, nos toca poder definirlo. Nos toca poder definir nuestro trauma, su significado, y cómo nos ha moldeado. Nadie más tiene el derecho de definir nuestras experiencias porque esa mierda no es como un deporte en equipo.

Cuando contamos nuestras historias, es una acción hacia el cambio porque empezamos a observar los problemas de una manera externa; podemos ver las cosas desde un punto de vista más objetivo, en tercera persona, y desarrollar compasión por los demás, e incluso por nosotros mismos.

Reuniéndolo Todo

Lo que nos trae de vuelta a nuestra pregunta original:

¿Cómo podemos hablar con nuestros jefes y colegas sobre nuestra situación con el PTSD de una manera que (1) controle la narrativa, y (2) nos acepten y, posiblemente, nos ofrezcan apoyo social (aunque sea solo superficial) para que podamos recibir la ayuda que necesitamos?

Vamos a crear un "discurso de ascensor" similar al del capítulo previo. Pero, al contrario de como hablamos con nuestros seres queridos, este discurso de ascensor tomará ventaja de nuestro aprecio por la narrativa:

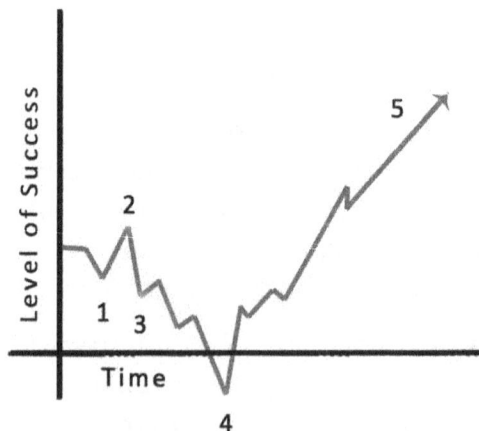

Apoyándose en nuestro modelo narrativo, este discurso

de ascensor se ajustará para reconocer la formalidad de un entorno de trabajo, un Tribunal Militar, o la jerarquía de mando.

Este Discurso De Ascensor En El Trabajo Se Divide En Seis Partes

1 Agradéceles la oportunidad de hablar
2 Presenta a nuestro "elefante en la habitación" – acepta nuestras emociones/falta de emociones
3 Acepta nuestro pasado – con nuestra propia narrativa, habla claramente
4 Punto de inflexión - revelación
5 Pide su aceptación, maneje las expectativas
6 Agradéceles su atención, muestrales nuestra dedicación

---

1. Agradecerles la oportunidad de hablar.

Igual que hablar con nuestros seres queridos, necesitamos preparar el escenario. Al hablar con el personal de recursos humanos o con nuestra cadena de mando, no siempre tenemos el lujo de pedir cierto tiempo, sin interrupción, para hablar. Así que empezaremos agradeciéndoles por tomarse el tiempo de hablar con nosotros (incluso si nadie tuvo la opción).

Si es posible, proactivamente, solicite la oportunidad de hablar con su jefe o con la cadena de mando o el departamento de recursos humanos. Eso muestra valor, muestra que tan serios estamos sobre nuestro propio tratamiento y recuperación, y controla la narrativa.

2. Presenta nuestro tema (el elefante en la habitación).

Nos acordamos que cada vez que nuestro 'elefante está en la habitación', lo vamos a presentar. De nuevo, es normal sentirnos nerviosos, emocionales, frustrados, o entumecidos. Utilizar unos apuntes está bien, solo infórmales de que los estarás usando.

Puede ser algo así: "Para respetar su tiempo, tomé algunas notas para ayudar a no desviarme del tema" o "no es fácil para mi hablar sobre mi PTSD con ustedes por el estigma, así que les agradezco su paciencia".

3. Aceptar nuestro pasado.

Esta es una oportunidad para aceptar nuestro comportamiento y no poner ninguna excusa. Enfócate en los temas en el trabajo y habla claramente. De nuevo, no menciones cosas nuevas. No necesitamos compartir detalles sobre nuestro trauma con nuestros jefes y colegas; mantenlo sencillo y al grano.

Te invito a aprovechar tu experiencia militar en esta situación si ya estás laborando en un trabajo civil. Entiendo que esto puede ser incómodo para muchos de nosotros, pero el servicio militar es honorable y los civiles aman mostrar su apoyo hacia las tropas (o por lo menos simulan que lo hacen). Este es el momento de usar nuestro servicio militar para nuestra ventaja. Puede ser algo así, "cuando recién volví de mi despliegue, pensé que estaba bien, pero empecé a tener problemas y comencé a beber para poder afrontarlos. No terminó bien. Empezó a causar problemas en mi trabajo y fui multado por conducir un auto bajo los efectos del alcohol".

Toma nota de esto también: en solo unas cuantas frases breves, has pasado del punto 1 al 4 en el modelo de la Narrativa Inspiracional. En el punto 4, es dónde se indica que tocaste fondo. Después:

4. La revelación.

De nuevo, este es nuestro momento del "*¡a-já!*" cuando tomamos la decisión de cambiar. ¿Qué fue lo que nos condujo a este punto?

Esto puede ser algo como, "después de que la policía militar me arrestara, me di cuenta de que mi vida estaba fuera de control y que necesitaba ayuda".

5. Pide la aceptación, maneja las expectativas.

Esto es por lo que estamos aquí: necesitamos apoyo de parte de nuestros jefes y colegas para poder recibir la ayuda que necesitamos. También es el momento en que debemos manejar las expectativas: este viaje no será fácil, y estamos dedicados a intentarlo. Puede ser algo como: "me quiero recuperar del PTSD, y sé que no es fácil. Necesitaré acudir a terapia cada semana y tomar tiempo fuera del horario del trabajo. Creo que, con su continuo apoyo, puedo lograrlo".

Toma note de la palabra "continuo". Aunque nunca les

hayamos importado una mierda, somos lo suficientemente astutos para endulzar oportunamente la conversación en ese momento.

6. Agradéceles y muestrales nuestra dedicación.

Reitero: aunque nuestros jefes y colegas nos traten de la mierda, hay que darles las gracias.

Cuando se trata de mostrar dedicación, nos toca ser dedicados a lo que sea que queremos dedicarnos; solo habla claro y vete directamente al punto: "gracias por darme una oportunidad de hablar contigo (con ustedes) hoy. Quiero que sepas (sepan) que estoy dedicado/a a nuestro equipo y a nuestra misión".

Podemos estar dedicados a terminar nuestro paquete de servicios médicos (MEDBOARD) para finalizar nuestro servicio militar (ETS) o podemos estar dedicados a completar un programa para el tratamiento de drogas, o estar dedicados a cuidar de nuestra familia.

Algunos Ejemplos

Igual que en el capítulo anterior, quiero tomar esta oportunidad para darte algunos ejemplos de discursos de ascensor para apoyarte en formular uno tú mismo.

El nivel de formalidad dependerá de donde trabajas y de las personalidades de tus superiores o en la cadena de mando.

Ejemplo 1

Agradéceles su atención. "Señor/a, gracias por darme la oportunidad de poder compartir mi versión hoy en el juzgado". *Presenta a nuestro "elefante en la habitación".* "Claro, me siento nervioso/a, pero tomé algunas notas para ayudar a mantenerme sobre el tema y respetar el tiempo del juzgado".

Aceptar nuestro pasado. "Después de mi último despliegue, tomé algunas malas decisiones. Empecé a beber demasiado, tenía problemas en casa, y estuve involucrado/a en una pelea".

Revelación. "Después de ser arrestado/a, un amigo habló conmigo sobre el PTSD y empecé a ver a un/a terapeuta. Mi problema con el PTSD no es una excusa de lo que hice, pero ahora entiendo por qué todo salió de control así de rápido".

Pide la aceptación. "Mi deseo, su señoría, es que pueda seguir recibiendo ayuda psicológica para el tratamiento de mi PTSD y el problema con el alcohol. Como quisiera poder regresar al pasado y haberlo hecho de otra manera".

Agradéceles/muéstreles tu dedicación. "Señor/a, le agradezco su tiempo y permitirme hablar. Quiero que sepa que estoy dedicado/a a mantener la sobriedad, dedicado/a a nuestra misión, y a mis hermanos en las fuerzas armadas. Respeto su decisión. Gracias, señor/a".

Al hablar en el tribunal o con la cadena de mando sobre una decisión punitiva, debemos ser especialmente cautelosos de no parecer que estamos usando nuestro PTSD como una excusa. Muchas personas han hecho eso en el pasado y por lo eso mismo, son personas culeras.

Ejemplo 2

Agradéceles. "Señora, quisiera agradecerle a usted y a nuestro equipo por darme la oportunidad de dirigirme a ustedes hoy".

Presenta a nuestro elefante en la habitación. "Me siento nervioso/a al hablar con el equipo porque me preocupa que posiblemente no podrán relacionarse con este tema de nuestro servicio militar".

Acepta tu pasado. "Desde que salí del servicio militar, ajustarme a la vida civil no ha sido tan fácil como pensé. He tenido problemas conectándome con los compañeros en el trabajo y, además, he batallado con mi vida personal".

Revelación. "Recientemente, un amigo se suicidó y fue un tema muy difícil para mí. Acudí con un/a terapeuta y me di cuenta de que padezco del PTSD".

Pide la aceptación. "Entiendo que existe mucho estigma alrededor del PTSD y tengo la suerte de tener a un equipo que me apoye. Creo que, con su constante apoyo, podré recuperarme por completo".

Agradéceles/muéstrales tu dedicación. "Gracias por tomarse el tiempo de escucharme. Quiero que sepan que estoy comprometido con esta compañía, con este equipo, y con nuestro proyecto".

Ejemplo 3

Agradéceles. "Comandante y Primer Sargento, gracias por tomarse el tiempo de recibirme después de que regresé de mi tratamiento".

Presenta a tu "elefante en la habitación". "He estado preocupado/a sobre cómo será el trabajo cuando termine mi tratamiento del PTSD, así que agradezco la oportunidad de hablar con ustedes".

Aceptar tu pasado. "Antes de que empezara mi tratamiento, estaba atravesando por un momento difícil. Estaba bebiendo demasiado, tenía problemas en casa, y venía a trabajar intoxicado".

Revelación. "Lo bueno es que mis superiores me enviaron a recibir ayuda médica. Mientras estaba en el tratamiento, aprendí lo que es el PTSD y el papel que tiene el alcohol en eso".

Pide aceptación." He regresado ya del tratamiento, pero sé que aún no estoy al 100 por ciento. Todavía necesito ir al grupo de alcohólicos anónimos (AA) y asistir a mis citas de salud psicológica cada semana, pero sé que con su apoyo podré recuperarme por completo".

Agradéceles/muestrales tu dedicación. "Gracias de nuevo por invitarme. Quiero que sepan que estoy comprometido/a con nuestra misión y con ganarme su confianza".

La meta de un discurso de ascensor en el lugar de trabajo es (1) controlar la narrativa, y (2) recibir aceptación y posiblemente apoyo social de parte de nuestros jefes y colegas. Lo primero minimizará el drama y lo segundo nos empujará a recuperarnos. ¡Sí funciona!

Capítulo 11

Prevención de Recaídas:
Establecer Límites en el Trabajo y en la Vida
(Sí, incluso si aún seguimos en servicio activo)

Después de recibir ayuda para nuestro PTSD, tenemos que pensar sobre la posibilidad de recaer. Solemos asociar una recaída con el uso de drogas o alcohol, pero esto simplemente significa un periodo de deterioro después de un periodo de mejora. Esto puede pasar con el PTSD, con la depresión, ansiedad, o cualquier tema con relación a nuestra salud (mental y física). Las recaídas pueden suceder y no es el fin del mundo cuando esto sucede.

La clave está en reconocer que es lo que activa o provoca una recaída y tener un plan de prevención para seguir por el buen camino si llega a pasar.

Para muchos militares, un fuerte apoyo social ayuda a fomentar la recuperación y las relaciones tóxicas suelen llevarnos a una recaída. Para controlar las relaciones tóxicas, necesitamos hablar sobre los límites.

Los límites saludables son la máxima forma de mostrarnos nuestro respeto propio. Nos indican a nosotros mismos y al mundo, "merezco ser honrado, respetado, y valorado". Los límites denotan confianza. La confianza es una de las pérdidas causadas por el PTSD, así que tenemos que volver a aprender (o tal vez aprender por primera vez) de cómo crear un límite saludable, razonable, cómo mantenerlo, y que hacer si alguien decide no respetarlo.

VERDAD IMPACTANTE: LA INTIMIDACIÓN

Cuando estamos pasando por un momento difícil, hay más probabilidades que seamos intimidados.

Los intimidadores buscan y acosan a sus objetivos, echando su veneno a esos que consideran vulnerables o socialmente aislados. Nuestros síntomas de PTSD nos hacen ser blancos de esto, sobre todo con el Criterio C (evitamiento) y el D (alteraciones negativas en la cognición y el estado de ánimo). También, nuestros síntomas de alteración (Criterio E) nos pueden haber expuesto en el radar debido a algún ataque de ira o un comportamiento imprudente.

Los límites saludables reducen el acoso porque dejamos de participar en ese juego. Si estamos siendo acosados, podemos dedicarnos a aprender más sobre la psicología detrás de esa conducta para (1) entender que el problema no somos nosotros, (2) crear un fuerte sistema de apoyo social, y (3) crear un plan para cambiar la situación.

The Bully at Work y The Asshole Survival Guide son libros que recomiendo. Crear límites saludables parece ser algo fácil e intuitivo, pero no lo es. Empecemos aquí:.

Establecer límites saludables parece fácil e intuitivo, pero no lo es. Empecemos aquí:

Reglas del Juego

1. Los límites saludables crean relaciones saludables.
No existe una relación saludable sin límites, ya sea una relación de matrimonio, de amistad, colegas, o la relación que tienes con tus hijos. Los límites saludables indican "merezco ser honrado, respetado y valorado" y esto es importante para cualquier relación interpersonal.

2. Las personas no saben de nuestros límites al menos que los establecemos de manera clara y concisamente.
Sí, en un mundo perfecto, las personas "deberían" de comportarse, pero es suficiente enfatizar que no todos son personas buenas al hacerse adultos. Algunas personas no saben que hacer comentarios racistas no es aceptable. Algunas personas no entienden que el contacto físico no solicitado es algo atroz. No hay que perder más tiempo preocupándonos sobre lo que "debería de ser". Mejor, hay que recordar que la mitad de las personas que conocemos están por debajo del promedio y el sentido común no es algo común. Los límites no son intuitivos. Debemos establecer nuestros límites de una manera clara y concisamente – en voz alta – con las demás personas.

3. Las personas razonables respetan los límites razonables.

El problema inherente con esto es que no todas las personas son razonables. La noticia triste del día indica que: el mundo está lleno de psicópatas y gente culera. Cuando las personas deciden ignorar los límites razonables, a veces son señaladas bajo la primera descripción y usualmente, con respecto a la segunda. El problema no son nuestros límites, sino que es *su* decisión.

4. Nuestros límites, su decisión.

Nosotros creamos límites saludables, pero no tenemos absolutamente ningún control sobre otras personas y cómo se comportan. Cuando establecemos nuestros límites - en voz alta – clara y concisamente, las demás personas *escogen* si quieren o no respetar nuestros límites

---

Cuando las personas deciden ignorar nuestros límites razonables, nos están diciendo fuerte y claramente: "no te respeto y no quiero una relación contigo que no está bajo mis términos". Sin excepciones.

El Cómo

Al crear un límite saludable, queremos estar seguros de que sea razonable, claro, y directo. Sugiero que usemos este modelo:

"NO ME GUSTA CUANDO <u>HACES O DICES (...)</u>. POR FAVOR DEJA DE HACERLO".

Completa el espacio en blanco. Aquí hay algunos ejemplos:

"No me gusta cuando te me quedas mirando. Por favor deja de hacerlo".

"Esa palabra es ofensiva. Por favor no la uses".

"No me gusta abrazar a la gente. ¿Nos podemos saludar preferiblemente de puño?"

Lo que me gusta de este modelo es que no se está atacando a la persona; se enfoca en un comportamiento. También es en corto y al grano. Recordemos que este debe de ser un límite razonable. No estamos diciendo, *"no me gusta cuando respiras, por favor deja de hacerlo"*, pero estamos creando un límite legítimo y saludable.

Rechazar

Reiteremos: las personas razonables respetan los límites razonables. Cuando rebasamos un límite y alguien nos lo deja saber, la única respuesta razonable es, "lo siento; no volverá a suceder". Incurrimos en un error y ahora ya lo sabemos. No es nada personal. Fin de la historia.

No todas las personas son razonables y probablemente

seamos rechazados una que otra vez. Esto podría escucharse como, "nunca dijiste nada antes", o una acusación diciendo, "nadie más parece tener un problema con esto", o puede hacer un berrinche odioso diciendo, "así soy yo y no tengo porque cambiar ¡porque no quiero!".

Nuestro plan de acción es **simple y, tranquilamente, hay que reafirmar nuestros límites**. Aquí hay unos ejemplos:

- "Te entiendo. Esa palabra todavía se me hace ofensiva. Por favor deja de usarla".

- "No es personal. Solo que no me gustan los abrazos".

- "Nadie está tratando de herir tus sentimientos o hacer que te sientas triste. Por favor, detente".

A veces, los rechazos se vuelven personales y se ponen incómodos, especialmente si alguien cree que puede actuar como quiere. Recordemos que el ser una persona culera es su decisión y que deciden decir, "no pienso que merezcas ser honrado, respetado ni valorado". El mensaje es claro, así que escúchalo bien.

> *"CUANDO ALGUIEN TE MUESTRA QUIEN ES, HAY QUE CREERLE LA PRIMERA VEZ".*
> *-MAYA ANGELOU*

En acción

Suelo ser malhablada. A algunas personas no les gusta, especialmente porque tengo una vagina. Digamos que eres uno de mis estudiantes y te me acercas un día después de clases y me dices, "no me gusta cuando dices majaderías. Por favor podrías dejar de hacerlo".

¿Sabes que va a pasar? Te pediré perdón y sinceramente haré lo mejor de mi parte para dejar de decir majaderías enfrente de ti. Tal vez la riego y se me va una que otra palabrota, pero sinceramente lo intentaré. La razón es simple: *Aprecio más mi relación con mis estudiantes que mi necesidad de decir majaderías.* Optaré por respetar sus límites porque pienso que todos merecen ser honrados, respetados, y valorados. Así de clara mi decisión.

No a todo mundo les importa su relación con nosotros tanto como prefieren su necesidad de rebasar ciertos límites. Cuando esto ocurre, no podemos cambiar a cada persona - así que tal vez tendremos que cambiar la relación entre ambos.

VERDAD IMPACTANTE: LÍMITES DURANTE EL SERVICIO ACTIVO

Ser intimidado en el trabajo es difícil, especialmente cuando estamos en servicio activo. Además de leer y aprender más sobre la psicología de la intimidación, te invito a registrar este comportamiento tomando apuntes. Las notas escritas a diario son pruebas convincentes de un comportamiento cuestionable de parte de otros, tan convincentes que los comandantes y el Inspector General los entenderán. Prepara una hoja con los siguientes encabezados:

Fecha/Hora

Lugar

Nombres de todas las personas que tuvieron o presenciaron ese comportamiento

Breve declaración del incidente, usando citas de lo que se dijo cuando sea posible

La documentación por medio de notas escritas siempre es una buena idea. Por ejemplo, cuando nos juntamos de frente a frente, podemos hacer un resumen y enviárselo por correo electrónico a nuestro supervisor y tomar notas escritas de todas las juntas. La meta es tener estas notas escritas si las necesitamos. Tener un apoyo social es vital si estamos siendo intimidados.

Pero Quiero Ser Apreciado o Amado

No les vamos a caer bien a todos y eso - así es. Además, no todos los que "deberían" de amarnos deciden comportarse de una manera que nos honran, valoran y respetan. Cuando creamos un límite, otros toman otra decisión y es nuestra responsabilidad respetar esa decisión.

- incluso si significa que la otra persona elije ya no tener una relación con nosotros. Es tentador enfocarse en el "debería" como "mis padres 'deberían' de amarme", o "mi pareja 'debería' de respetarme". Invito a que, en conjunto, detengamos esos ejemplos del "deberían". Nuestros familiares saben cómo sacarnos de quicio porque ellos fueron quienes nos formaron así.

El rechazo duele, pero no tanto como corretear el amor de alguien que claramente ha dicho que ha decidido no honrar, valorar, o respetarnos.

Lista Rápida

He presentado mucha información en este capítulo, así que quiero hacer un resumen con algunos consejos para crear y mantener límites saludables:

- **Darnos permiso**. Todos merecen sentirse honrados, respetados y valorados – incluyendo a nosotros mismos.

- **Especificar nuestros límites**. Tomarnos el tiempo necesario para decidir cual comportamiento es aceptable y cual no lo es.

- **Practica la autoconsciencia.** Si el comportamiento de alguien se siente desagradable o incómodo, eso probablemente indica que ese es el límite.

- **Se directo.** No necesitamos explicar nuestras razones para imponer límites razonables. La gente que no es razonable no le importa de todos modos y solo están actuando de forma groseramente manipuladora.

- **Busca apoyo.** El apoyo social es una parte importante de nuestro propio cuidado. Un/a terapeuta puede ser una gran opción y puede dar buenos consejos. Al igual que un grupo de apoyo, iglesia, y buenos amigos.

- **Empieza poco a poco.** Al igual que cualquier habilidad nueva, crear límites saludables requiere de práctica. Podemos empezar con un límite pequeño que no es tan amenazante y de ahí, poco a poco, con límites más retadores.

Aprender cómo crear y mantener límites saludables ayudarán a apoyar nuestra recuperación del PTSD y nos ayudarán a recuperar confianza y el respeto hacia uno mismo.

Nota Final

Escribí este libro para ti porque he estado ahí también y sé cómo salir. Ahora quiero que te recuperes para que podamos brincar en cualquier hoyo juntos.

Hemos repasado muchos temas: qué es y qué no es el PTSD, el daño moral, cuales tratamientos funcionan, cómo encontrar un tratamiento y el apoyo social, cómo hablar con otros sobre nuestro PTSD, y cómo proteger nuestra recuperación por medio de límites saludables.

Mi deseo es que ahora tengas más herramientas que cuando empezaste a leer este libro.

Me dará mucho gusto saber de ti y responder a tus preguntas. Envíame un correo electrónico ContactUs@TheSoldiersGuide.com. Usaré tu retroalimentación, con tu permiso, en futuras ediciones de este libro.

¡Cuídate mucho!

Como te quedaste conmigo leyendo hasta el final de este libro, te dejaré con este extracto que encontré <u>en una publicación del</u> *The Military Veteran Project* (El Proyecto de Militares Veteranos):

Como te quedaste conmigo leyendo hasta el final de este libro, te dejaré con este extracto que encontré <u>en una publicación del</u> *The Military Veteran Project* (El Proyecto de Militares Veteranos):

"Un militar con PTSD se cayó en un hoyo y no podía salir. Un suboficial pasó y el militar con PTSD le pidió ayuda. El suboficial le gritó que se aguantara, que mirara hacia adentro y siguiera andando, y le tiró una pala. Pero el militar con PTSD no se podía aguantar y continuó como si nada, así que hizo el hoyo más hondo.

Un oficial pasó y el militar con PTSD le pidió ayuda. El oficial le dijo que usara la herramienta que su suboficial le dio y después le tiró una cubeta. Pero el militar con PTSD seguía usando la herramienta que le dio el suboficial, así que hizo el hoyo más hondo y llenó la cubeta.

Un psiquiatra pasó por allí. El militar con PTSD le dijo, "¡Auxilio! ¡No puedo salir!" El psiquiatra le dio algunos medicamentos y dijo, "Tómate esto. Aliviará el dolor". El militar con PTSD se las tomó, pero cuando se quedó sin pastillas, aún seguía en el hoyo.

Un psicólogo de renombre luego pasó y escuchó al militar con PTSD implorando ayuda. Se paró y le preguntó, "¿Cómo te metiste ahí?, ¿Naciste ahí? ¿Tus padres te pusieron ahí? Cuéntame sobre ti, aliviará tu sentimiento de soledad". Entonces, el militar con PTSD habló con él durante una hora, después el psicólogo se tuvo que ir, pero dijo que volvería la próxima semana. El militar con PTSD le dio las gracias, pero seguía en el hoyo.

Un sacerdote también pasó junto al hoyo. El militar con PTSD le pidió ayuda. El sacerdote le dio una Biblia y le dijo, "Rezaré por ti". Se arrodilló y rezó con el militar con PTSD, después se retiró. El militar con PTSD se sintió agradecido, leyó la Biblia, pero seguía atorado en el hoyo.

Otro militar recuperándose del PTSD iba pasando. El militar con PTSD le pidió ayuda, "Ayúdame. ¡Estoy atrapado en este hoyo!". De inmediato, el militar que estaba recuperándose del PTSD brincó en el hoyo junto a él. El militar con PTSD le preguntó, "¿Qué estás haciendo? ¡Ahora los dos estamos atrapados aquí!". Pero el militar que estaba recuperándose del PTSD le dijo, "Cálmate. Todo está bien. He estado aquí abajo también, sé cómo salir de aquí".

-Autor Desconocido

Enlaces Y Recursos

The Veterans Crisis Line www.veteranscrisisline.net/get-help/chat Mensaje de texto al 838255.

Aptitud del Soldado Integral (CSF) - Información de entrenamiento https://hbr.org/2011/03/post-traumatic-growth-and-build

National Estimates of Exposure to Traumatic Events and PTSD Prevalence Using DSM-IV and DSM-5 Criterio https://www.ncbi.nlm.nih.gov/pmc/articles/PMC4096796/

Suicidio: La decisión para siempre por Paul G. Quinnett, PhD. http://www.ryanpatrickhalligan.org/documents/Forever_Decision. pdf

Daño Moral por Brett Litz https://www.sciencedirect.com/science/article/pii/S027273585809000 920?via%3Dihub

Actos Transgresores http://dx.doi.org/10.1037/mil0000132

Describiendo la diferencia entre culpa y vergüenza por Brené Brown https://www.ted.com/talks/brene_brown_listening_to_shame?lang uage=en

On Killing por Lt. Col. Dave Grossman https://en.wikipedia.org/wiki/On_Killing

La docena sucia de Sutton

https://www.amazon.com/dp/0446698202

STRONG STAR
http://www.strongstar.org/

Instituto EMDR www.emdr.com

Divulgación Adaptiva
https://www.amazon.com/dp/1462533833/

Nidal Hassan / Confidencialidad
https://www.nytimes.com/2013/08/21/us/fort-hood-gunman-
nidal- malik-hasan.html

Psicoterapia certificada de grupos
http://member.agpa.org/imis/agpa/cgpdirectory/cgpdirector
y.aspx

¿Preguntar sobre el suicidio y comportamientos
relacionados atraen una idea suicida? ¿Cuáles son las
pruebas? https://www.ncbi.nlm.nih.gov/pubmed/24998511

Para encontrar un especialista en PTSD se puede recibir
ayuda de Military OneSource
https://www.militaryonesource.mil/confidential-help

Como escoger el o la mejor terapeuta
https://www.psychologytoday.com/us/blog/freudian-
sip/201102/how-find-the-best-therapist-you

La importancia del apoyo social en el tratamiento del PTSD
https://www.ncbi.nlm.nih.gov/pmc/articles/PMC5507582/

Grupos de apoyo http://www.nami.org/

http://www.samhsa.gov/
https://suicidology.org/resources/support-groups/

Experimento del Profesor de Harvard, Robert Rosenthal
https://www.npr.org/sections/health-shots/2012/09/18/161159263/teachers-expectations-can-influence- how-students-perform

The Bully at Work
https://www.amazon.com/Bully-Work-What-Reclaim-Dignity/dp/1402224265

The Asshole Survival Guide
https://www.amazon.com/Asshole-Survival-Guide-Robert-Sutton/dp/1328511669/

Acerca de la Terapia de Exposición Prolongada
https://www.med.upenn.edu/ctsa/workshops_pet.html

Acerca de la Terapia de Procesamiento Cognitivo
https://cptforptsd.com/

Acerca de la Desensibilización y el Reprocesamiento por Movimientos Oculares https://www.emdr.com/what-is-emdr/

¡Tu Opinión Importa!

Cuando una persona lee un libro por primera vez, más allá de la descripción y de la portada, pone atención a lo que otras personas, como tú, tienen que decir. Las reseñas influyen en la decisión de hacer la compra por el lector.

No necesitas escribir toda una novela – ¡Eso me corresponde a mi escribir un libro! Simplemente comparte lo que pensaste acerca de este libro al responder a dos simples preguntas:

- ¿La información fue valiosa para ti?
- ¿Se lo recomendarías a alguien más?

¡Eso es todo!

Tu opinión importa. Me importa a mí, porque quiero asegurarme de que estés recibiendo la información precisa y de apoyo. Y más allá de mi deseo de informarte, la reseña que escribas podría crear (o no reafirmar) el éxito del propósito de este   libro.

Acerca De La Autora

Virginia Cruse es una Terapeuta Profesional acreditada con licencia y Consejera Certificada Nacional especializada en Cuestiones Militares y Traumas Relacionados con el Combate. Imparte terapia en la intervención de crisis y tratamientos basados en evidencia para el Trastorno de Estrés Postraumático (PTSD), Daño Moral, Depresión, Estrés por Operaciones en Combate, y otros diagnósticos. Virginia está certificada en Terapia de Procesamiento Cognitivo y Terapia de Exposición Prolongada y tiene más de 20 años de experiencia trabajando con militares en Servicio Activo, Veteranos, Jubilados del Ejército, y sus familiares. Está certificada en Psicoterapia de Grupo (CGP) y es miembro activa de la Asociación Americana de Psicoterapia de Grupo. Virginia es Oficial en las Reservas del ejército norteamericano, veterana de combate, y es una investigadora con trabajos publicados. Tiene un esposo increíble, Jay, y un perro terrible llamado Peanut.

Virginia ejerce en los estados de Texas y Louisiana.

Encuentre más información en: www.MilitaryCounselingSA.com

Envíame un correo electrónico a: ContactUs@TheSoldiersGuide.com

Agradecimientos

Scott Mendoza: sin ninguna duda, nunca hubiera terminado este proyecto si no fuera por ti. Gracias por tu retroalimentación, motivación, y persistencia.

Muchas gracias a mis amigos y colegas que me proporcionaron una excelente retroalimentación: Harry Gerecke, Nikita Kranda, Larry Liebgold, Brian Mazuc, Denny McCollough, Scott Mendoza, Derek Pollett, Kristyn Ray, Ted Rochford, Kathleen Salidas, y Kathy Telford.

Gracias a los investigadores y profesionales de estos tratamientos que sirven para apoyar a los militares, veteranos, y a sus familias. ¡A todos ustedes se les necesita!

.